Unsere Partner

Die Bayerische Staatsoper bedankt sich bei ihren Partnern für die großzügige finanzielle Unterstützung und das damit verbundene kulturelle Engagement.

Projekt-Sponsoren:

Audi AG,
Roland Berger Strategy Consultants,
BMW Group und BMW Niederlassung München,
HypoVereinsbank,
O$_2$ Germany,
Siemens AG

Premium Circle:

Atlantik Networxx AG, Audi AG, BayernLB, Bayern 4 Klassik,
Ludwig Beck AG, Irene und Rolf Becker,
Roland Berger Strategy Consultants, BMW Group, Clifford Chance,
Doughty Hanson & Co, EADS, E.ON Energie AG,
gdp g. dreyer planungsgesellschaft mbh, GE Central Europe,
Hapag-Lloyd Kreuzfahrten GmbH, Knorr-Bremse AG,
Linde AG, Linklaters Oppenhoff & Rädler,
Loyalty Partner GmbH, Marsh McLennan Deutschland,
Münchener Rückversicherungs-Gesellschaft, O$_2$ Germany,
Rudolf und Rosemarie Schels, Schörghuber Unternehmensgruppe,
sd&m AG, Siemens AG , Stadtsparkasse München, Stiftung Life,
Süddeutsche Zeitung, UBS Wealth Management AG

Patron Circle:

Beck et al. Services GmbH, Blue Ribbon Partners, Bürklin OHG,
Global Finance Beratungs AG, Herbert und Claudia Graus,
Haarmann Hemmelrath, Marianne E. Haas, Lux Kultur GmbH,
Gisela und Ulfried Maiborn

Classic Circle:

Axis Re Europe, Bavaria Film- u. Fernsehstudios, München,
Bridts & Nebl, Karin und Eckhard H. Burgdorf, Karl Franz Denk,
Klaus und Alexandra Ewerth, Feldges Rechtsanwälte,
Familie Fleischmann, Hans-Peter und Marianne Frericks,
Dr. Peter und Iris Haller, Hannover Leasing GmbH & Co. KG,
Dorothea und Hans Huber, Humbaur GmbH,
Dirk und Marlene Ippen, Sir Peter Jonas, Käfer Feinkost GmbH,
King´s Hotels, Konen, leasing.de AG, Irène und Erich J. Lejeune,
Dr. Joachim und Annedore Maiwald, Zubin und Nancy Mehta,
Pierre Mendell, Dres. Müller-Hotop/Jenssen/Blume,
nova reisen GmbH, Oberbank AG, Oligomo Management GmbH,
Timothy Plaut, Riedel Holding GmbH & Co. KG,
Dr. Helmut Röschinger, Sal. Oppenheim, INA-Holding Schaeffler KG,
Dr. Schnell Chemie GmbH, Festhalle Schottenhamel OHG,
Securitas Sicherheit und Service GmbH & Co. KG,
Dr. Jürgen und Dr. Elisabeth Staude, Dr. Martin und Eva Steinmeyer,
Prof. Dr. Dr. h.c. Klaus Volk, Xenium AG

Förderer:

Freunde des Nationaltheaters München e.V.,
Förderer der Münchner Opern-Festspiele e.V.,
Freunde und Förderer der Musikalischen Akademie
des Bayerischen Staatsorchesters e.V.,
Freundeskreis des Bayerischen Staatsballetts

Inhalt

6   Programmübersicht Festspiele 2005

12   Editorial von Sir Peter Jonas

15   Hermann Unterstöger:
        Das Mystische und das Abgründige –
        Die Münchner und ihre Oper

29   C. Bernd Sucher:
        Das Leben! Was sonst?
        Warum brauchen wir Inszenierungen?

41   Josef Ackermann:
        Unternehmen, Unternehmer und die Verantwortung
        für Kunst und Kultur

        Festspiel-Premieren

56   Simplicius Simplicissimus
60   La forza del destino
64   Alcina

        Wiederaufnahmen und Neuproduktionen 2004/2005

68   Billy Budd
72   La Calisto
76   Die Entführung aus dem Serail
78   Falstaff
80   Faust
82   Lulu
84   Die Meistersinger von Nürnberg

88	Orphée et Eurydice
90	Otello
92	Pique Dame
94	Rigoletto
98	Roberto Devereux
100	Roméo et Juliette
102	Saul
104	Die Zauberflöte

Bayerisches Staatsballett

110	Bella Figura/Agon/So nah so fern
116	La Bayadère
119	Oper für alle, Konzerte und Liederabende
137	Festspiel+
153	Die Solisten der Münchner Opern-Festspiele 2005
204	Programmübersicht Festspiele 2006
206	Bildlegenden
207	Impressum

Münchner Opern-Festspiele 2005

Nationaltheater

Di.	28.6.	18.00	La forza del destino (Festspiel-Premiere)
Mi.	29.6.	19.00	Falstaff
Do.	30.6.	19.30	Bayerisches Staatsballett: Bella Figura/Agon/So nah so fern
Fr.	1.7.	18.00	La forza del destino
Sa.	2.7.	19.00	Otello
So.	3.7.	18.00	Falstaff
Mo.	4.7.	19.00	Roberto Devereux
Di.	5.7.	19.00	Otello
Mi.	6.7.	19.00	Rigoletto
Do.	7.7.	18.30	La forza del destino
Fr.	8.7.	19.00	Roberto Devereux
Sa.	9.7.	19.00	Rigoletto
Mo.	11.7.	18.30	La forza del destino
Di.	12.7.	19.00	Pique Dame
Mi.	13.7.	19.30	Bayerisches Staatsballett: La Bayadère
Do.	14.7.	19.00	Saul
Fr.	15.7.	19.00	Pique Dame
Sa.	16.7.	19.30	Die Entführung aus dem Serail
So.	17.7.	19.00	Billy Budd
Mo.	18.7.	19.00	Saul
Di.	19.7.	18.00	Die Entführung aus dem Serail
Di.	19.7.	21.30	Nacht-Konzert: Martha Argerich meets Friedrich Gulda
Mi.	20.7.	19.00	Billy Budd
Do.	21.7.	19.00	Roméo et Juliette
Fr.	22.7.	18.30	La Calisto
Sa.	23.7.	19.00	Die Zauberflöte
So.	24.7.	19.00	Roméo et Juliette

Mo.	25.7.	19.00	Die Zauberflöte
Di.	26.7.	18.30	La Calisto
Mi.	27.7.	19.00	Faust
Do.	28.7.	20.00	Orphée et Eurydice
Fr.	29.7.	18.30	Lulu
Sa.	30.7.	19.00	Faust
So.	31.7.	16.00	Die Meistersinger von Nürnberg

Prinzregententheater

Mo.	27.6.	20.00	Simplicius Simplicissimus (Festspiel-Premiere)
So.	3.7.	20.00	Liederabend Diana Damrau
So.	10.7.	20.00	Liederabend Ian Bostridge
So.	14.7.	20.00	Liederabend Magdalena Kožená
So.	17.7.	18.30	Alcina (Festspiel-Premiere)
Di.	19.7.	20.00	Liederabend Kurt Moll
Mi.	20.7.	18.30	Alcina
Fr.	22.7.	21.00	Dido & Aeneas – die Barockoper von ihren Liebhabern entblößt
Sa.	23.7.	20.00	Liederabend Felicity Lott
So.	24.7.	18.30	Alcina
Mi.	27.7.	18.30	Alcina
So.	30.7.	18.30	Alcina

Max-Joseph-Platz

| Sa. | 9.7. | 19.00 | Oper für alle: Live-Übertragung Rigoletto |

Marstallplatz

| So. | 10.7. | 21.00 | Oper für alle: Open-air-Konzert |

Max-Joseph-Saal der Residenz

So.	12.6.	11.00	Einführungsmatinee La forza del destino
So.	10.7.	11.00	Einführungsmatinee Alcina
Fr.	15.7.	10.00	Symposium: OperMachtTheaterBilder
Sa.	16.7.	10.00	Symposium: OperMachtTheaterBilder

Allerheiligen Hofkirche

Fr.	1.7.	21.00	Liederabend Christopher Robson/Peter Ronner
Fr.	8.7.	21.00	Konzert Luigi Nono
Sa.	9.7.	21.00	Konzert oltre mare
Mo.	18.7.	20.00	Giacomettis Kinder
Fr.	22.7.	20.00	Festspiel-Kammerkonzert
Sa.	23.7.	20.30	Kammerkonzert Festspiel+
So.	24.7.	11.00	Festspiel-Kammerkonzert
Do.	28.7.	20.00	Festspiel-Kammerkonzert Luciano Berio

Fünf Höfe

| Sa. | 25.6. | 20.00 | HVB Festspiel-Nacht |

St. Michael

| So. | 26.6. | 10.00 | Festspiel-Gottesdienst |

Gartensaal des Prinzregententheaters

| Mo. | 27.6. | 18.00 | Eröffnungsvortrag |

Akademietheater im Prinzregententheater

| Do. | 30.6. | 20.30 | Guarda che bianca luna |

Sa.	2.7.	21.00	Kafkas Heidelbeeren
Sa.	4.7.	21.00	Kafkas Heidelbeeren

Marstall

Di.	5.7.	21.00	Einführung in das Konzert am 6.7. / Diskussion
Mi.	6.7.	21.00	Konzert Ensemble Recherche Freiburg und Experimentalstudio der Heinrich Strobel Stiftung des SWR

Muffathalle

Mi.	13.7.	21.00	Konzert mit dem X-semble München

Herz-Jesu-Kirche

Sa.	16.7.	20.30	Choir of Clare College, Cambridge

HVB Seebühne, BUGA Gelände

So.	24.7.	21.00	Film Musica Cubana
So.	24.7.	22.30	Konzert The Sons of Cuba

Alte Pinakothek

Fr.	29.7.	18.30	Akademie für Alte Musik Berlin, 1. Konzert
Fr.	29.7.	21.00	Akademie für Alte Musik Berlin, 2. Konzert
Sa.	30.7.	18.30	Akademie für Alte Musik Berlin, 1. Konzert
Sa.	30.7.	21.00	Akademie für Alte Musik Berlin, 2. Konzert

Münchner Opern-Festspiele 2005

Seit 1875 bieten die Münchner Opern-Festspiele etwas Einmaliges: Sie verschaffen ihrem ortsansässigen Publikum ebenso wie Besuchern aus aller Welt die Gelegenheit, ein breitgefächertes Repertoire an Opern zu sehen in neueren Produktionen oder als Festspiel-Premiere, und das alles innerhalb eines kurzen, konzentrierten Zeitraums. Unsere Festspiele 2005 präsentieren 18 verschiedene Opernproduktionen, deren 12 Komponisten von Francesco Cavalli bis zu Benjamin Britten und Karl Amadeus Hartmann einen Zeitraum von über 300 Jahren abdecken. Zusammen mit Ballettvorstellungen, Konzerten, Liederabenden und den Veranstaltungen der Reihe Festspiel+ ergibt das mehr als 50 Vorstellungen innerhalb von 35 Tagen.

Mit Hartmanns „Simplicius Simplicissimus" wird das Opernprogramm der Festspiele am 27. Juni eröffnet; es folgen die Premieren der beiden Neuproduktionen von Verdis „La forza del destino" und Händels „Alcina". Auch Händels „Saul" wird wieder gezeigt werden, dazu Verdis „Falstaff", „Otello" und „Rigoletto", Donizettis „Roberto Devereux", Tschaikowskys „Pique Dame", Brittens „Billy Budd", Mozarts „Die Zauberflöte" und „Die Entführung aus dem Serail", Gounods „Faust" und „Roméo et Juliette", Cavallis „La Calisto", Glucks „Orphée et Eurydice", Bergs „Lulu" und, traditionell zum Abschluss der Festspiele, Wagners „Die Meistersinger von Nürnberg".

Unser Festspiel+-Programm steht unter dem Motto „Aus-Wege" und unternimmt an- und aufregende grenzgängerische Wanderungen zwischen den Kunstgattungen und durch die ungewöhnlichsten Spielstätten.

Beim Oper für alle-Wochenende werden wir erst „Rigoletto" live auf den Max-Joseph-Platz übertragen. Am Abend darauf dirigiert dann Zubin Mehta ein Open-Air-Konzert mit Werken von Richard Strauss für, wie wir hoffen, wiederum Tausende von Besuchern auf dem Marstallplatz.

Der Erfolg unserer Opern-Festspiele in den vergangenen Jahren beweist, dass die Kunstform Oper nach wie vor populär und erfolgreich sein kann trotz der politischen und finanziellen Wechselfälle unserer Zeit; denn sie spricht direkt jene Neugier an, für die das Münchner Publikum berühmt ist und für die wir an der Staatsoper so dankbar sind. Wir haben dieses Programm zusammengestellt als ein Kompliment an den weitreichenden Geschmack und die Abenteuerlust unseres Publikums; darum bitten wir Sie: Kommen Sie zu uns, feiern wir gemeinsam unsere Kunstform Oper – den allumfassendsten Ausdruck der menschlichen Kreativität!

Unser Festspielführer soll Sie durch das vielfältige Programm begleiten. Hermann Unterstöger wirft für Sie einen liebevoll-kritischen Blick auf das Verhältnis der Münchner zu ihrer Oper, C. Bernd Sucher stellt die Frage „Warum brauchen wir Inszenierungen?" und antwortet „Zum Leben, zu unserem Leben und dem der Kunstform", und Josef Ackermann plädiert für eine zweckfreie Kulturförderung und gemeinsames kulturelles Engagement, damit die Kunst eine Zukunft habe.

Sir Peter Jonas
Intendant der Bayerischen Staatsoper

Hermann Unterstöger

Das Mystische und das Abgründige – Die Münchner und ihre Oper

Wenn denn die Kunst – und dass die Fernsehserie „Monaco Franze, der ewige Stenz" auf ihre Art höchste Kunst ist, setzen wir hier einmal voraus – wenn also Kunst die Aufgabe hat, die Wahrheit gültig zu formulieren, dann wäre es um die Wechselbeziehung der Münchner zu ihrer Oper sehr, sehr eigenartig bestellt. Man muss, um das zu erläutern, kurz aus der ersten Folge „Ein bissel was geht immer" referieren. Der Monaco Franze, eigentlich Franz Münchinger, ist mit Annette von Soettingen verheiratet, einer Dame von äußerster Kulturbeflissenheit. Als solche geht sie mit ihrer soignierten Freund- und Bekanntschaft auch gerne in die hiesige Oper. Der Franze hält sich von derlei Aktivitäten fern, weil er lieber anderen obliegt, lässt die Opernbegeisterung der anderen indessen gerne gelten: „Habt's wieder a rechte Sternstund' g'habt, Spatzl?"

Einmal jedoch kommt er nicht mehr aus: Er muss mit in die „Walküre". In seiner Angst, beim resümierenden Kunstgespräch in kleiner, aber edler Runde als Depp dazustehen, lauert er während der Pause dem Kritikerpapst auf, der seiner Zeitung eben die Kurzkritik durchtelefoniert hat, und was er von diesem erfährt, gibt er danach in der Weinstube mit dem stillen Triumph des endlich obsiegenden Underdogs zum Besten: dass die Aufführung „ein rechter Scheißdreck" gewesen sei, altmodisch bis provinziell, und dass das Schlimmste an all dem das Münchner Publikum sei, das nichts von der Sache verstehe und jeden Mist zum Jahrhundertereignis hochjuble. Frau von Soettingen ist entsetzt, später aber, als sie die druckfrische Zeitung in Händen hält, überaus stolz auf ihren Franze.

Die Autoren des „Monaco Franze" haben da etwas als Erzählung geboten, was als Theorie so allgegenwärtig ist wie sonst „das unüberstürzte und amüsante Treiben der schönen und gemächlichen Stadt".

Mit diesen und ähnlichen Worten, darunter dem glockengleichen „München leuchtete", intoniert Thomas Mann seine Erzählung „Gladius Dei". Sie hat wie keine zweite dazu beigetragen, den Ruf Münchens als einer Stadt von leicht törichter Fröhlichkeit und genussfreudiger Sittenlosigkeit zu festigen, und die Münchner lesen das schöne Stück bis heute um so lieber, als sie im Allgemeinen unter ihrer unprotestantischen Diesseitigkeit nicht stärker als nötig leiden, ja darin ihr Behagen finden. Die Oper zählt zu den Elementen, an denen diese Einstellung sich wieder und wieder bewährt, und so hängt dem Münchner Opernfreund mit nicht allzu viel Unrecht das Etikett an, er sei in dem Maß, wie ihn schöne Stimmen, ein prächtiges Bühnenbild und orchestraler Prunk begeistern, an der intellektuellen Auseinandersetzung und nun gar an avancierten, das Werk aufbrechenden Inszenierungen desinteressiert.

Sein Kunstgenuss, sagt man, sei ein kulinarischer, was an sich nichts Schändliches ist. Dennoch insinuiert es eine gewisse Geistferne, wo nicht Gefräßigkeit, und das ist nun entschieden ungerecht. Als im Winter 2004 die stimmlich wie körperlich gleichermaßen bestrickende Anna Netrebko hier die Violetta in Verdis „La traviata" sang, waren diejenigen Münchner, die so etwas angeht, derart aus dem Häuschen, dass man sich um sie Sorgen zu machen begann. Die Boulevardpresse munkelte von gebrochenen Herzen in den ersten Kreisen und von Billetdoux, die der Sängerin aus ebendiesen Kreisen zugegangen seien. Wer sich darüber erheitert, mag dies ruhig tun, sollte den honorigen Aficionados jedoch zugestehen, dass sie – sieht man von dem natürlichen Quäntchen Wichtigtuerei ab – nichts Gemeinem erlegen sind. „Wer die Schönheit angeschaut mit Augen, ist dem Tode schon anheimgegeben", sagt Platen, und wenn es bei unseren Helden gottlob auch nicht so weit gekommen ist, so haben sie doch erahnt, dass man Schönheit nicht ungestraft genießt.

Bei großen Premieren oder beim Auftrieb zu den Opernfestspielen steht der gemeine Münchner gern nahebei, besieht sich die Gäste in all ihrer Herrlichkeit und mault in der bekannten Altmünchner

OYSTER PERPETUAL LADY-DATEJUST · WWW.ROLEX.COM
Rolex Deutschland GmbH · Postfach 10 30 41, 50470 Köln

Grantelmanier in sich hinein: dass es manchen Leuten unberufen gut gehe und er nicht wissen wolle, was da wohl wieder an Steuergeldern verblitzt werde, auf dass „die Gschwoischädl" ihr Vergnügen hätten. Unter „Gschwoischädln" versteht er Menschen mit geschwollenen Köpfen, also VIPs alias Honoratioren, und im Hinblick darauf ließe sich die schwer beweisbare und gottlob noch schwerer widerlegbare Theorie entwickeln, dass den Pfahlbürgern die Umstände der Operngründung sehr wohl, wenn auch unbewusst, im kollektiven Gedächtnis geblieben sind.

Es war ja nicht so, dass man diese Kunst damals dem Volke gewidmet hätte. Nein, die Prachtentfaltung galt ganz entschieden der Verherrlichung von Fürst und Hof, und im Jahre 1653 galt sie darüber hinaus dem durch München reisenden Kaiser Ferdinand III., der für die neue Gattung Oper ein Faible hatte. Kurfürst Ferdinand Marias Gattin, die schöne Henriette Adelaide von Savoyen, hatte einen Schwung Musiker aus ihrer Heimat in das nach dem Dreißigjährigen Krieg auch kulturell verödete Bayern mitgebracht, und die warteten nun dem Kaiser im Herkulessaal der Residenz mit Giovanni Battista Maccionis „L'arpa festante" auf.

Wiewohl eher eine dramatische Kantate, gilt die „Arpa" als erste in München aufgeführte Oper, was insofern etwas großzügig formuliert ist, als die musikalische Ausgestaltung dramatischer Werke für München schon damals nichts unbedingt Neues war. Lasso hatte 1568 zur Hochzeit Wilhelms V. eine commedia dell'arte musikalisch aufgeputzt, und auch in den Jesuitenspielen war man längst zur Durchkomposition ganzer Werke fortgeschritten, wie es überhaupt das Jesuitentheater gewesen war, das zusammen mit anderen Theaterformen – Fastenmeditationen, Ludi saturnales, Ratskomödien und was der Lustbarkeiten sonst noch gewesen sein mochten – der Oper den Boden bereitet hatte.

Wie auch immer, nach 1653 gab es kein Halten mehr. 1654 wurde am Salvatorplatz nach dreijähriger Bauzeit ein neues Operntheater eingeweiht, ein Bauwerk, das noch der greise Kurfürst Maximilian kurz vor seinem Tod 1651 hatte beginnen lassen, das erste große freistehende Opernhaus Deutschlands. Der Baumeister hieß Santurini, doch die musikalische Verantwortung lag schon in den Händen eines Deutschen, des Hofkapellmeisters Kerll, dessen einschlägige Musiken bedauerlicherweise verschollen sind – bedauerlicherweise nicht nur ihrer zu vermutenden Qualität wegen, sondern auch, weil Kerll gewissermaßen den ersten „Ring" geschrieben hat. Anlass dieser dreiteiligen „Applausus festivi" im Herbst 1662 war die Geburt des Stammhalters Max Emanuel, nachmals „Der blaue Kurfürst" genannt. Da ließ es, wie man heute sagen würde, der stolze Vater tüchtig krachen, und Kerll lieferte ihm, wessen er dazu bedurfte: die Oper „Fedra incoronata", das Turnierdrama „Antiopa giustificata" und das Feuerwerksdrama „Medea vendicativa". Das Arrangement verschlang alles in allem 70000 Gulden, setzte jedoch, wie der Theaterwissenschaftler Jürgen Schläder schreibt, „in der Geschichte des politischen Festes und der höfischen Repräsentation europäische Maßstäbe".

Anfang 2005 gab es das, was man in München gern „a Gaudi" nennt, treffender noch „a sauberne Gaudi". In der Berliner Gemäldegalerie war ein Porträt aufgetaucht, das der Öffentlichkeit als Bildnis Mozarts präsentiert wurde – ein Jahr vor dem großen Mozartjahr immerhin so etwas wie eine Sensation. Wie bei solchen Funden immer wieder zu befürchten, kam die kalte Dusche schnell hinterher, indem der Münchner Stadtarchivar Richard Bauer die Entdeckung machte, dass in dem grünen Frack und hinter dem Spitzenjabot nicht Wolfgang Amadeus Mozart steckt, sondern Joseph Anton Steiner, ein weiland Kaufmann und Mitglied des Äußeren Rats der Stadt München, der wohl auch über das für Mozart so typische feurige linke Auge verfügte.

Eine Marginalie, gewiss. Dennoch rührt sie ans Münchner Herz mehr als an andere, weil zwischen München und Mozart eine zwar verjährte, aber nach wie vor irritierende Affäre schwebt. Mozart hat München etliche Male aufgesucht, es gefiel ihm in dieser Stadt, und er wäre hier gerne sesshaft geworden, wenn es denn eine freie Stelle für ihn gegeben hätte, eine „Vacatur". Die war aber nicht verfügbar, und das ungeachtet der Wertschätzung, die ihm allgemein entgegengebracht wurde, sei es wegen seiner früh bewiesenen und nie vergessenen Künste auf dem Klavier, sei es wegen des Bombenerfolgs seiner „Finta giardiniera", die hier 1775 uraufgeführt wurde. Zwar wollte der „gelehrte Weinwirt" Franz Joseph Albert, der in der Kaufingergasse den „Schwarzen Adler" betrieb, noch eine seinen Freund Mozart fördernde Bürgervereinigung zuwege bringen, aber auch daraus wurde nichts, und so war denn eine einmalige historische Chance vertan: München wurde nicht zur eigentlichen Mozart-Stadt, hat dies freilich durch eine ebenso liebende wie üppige Pflege des Mozartschen Opernwerks gut kompensiert.

Wir springen nun in unserem kleinen Gang durch die Münchner Operngeschichte ein ganzes Stück nach oben, in die Zeit des ersten bayerischen Königs, eines Königs von Napoleons statt von Gottes oder wenigstens des Volkes Gnaden. Max I. Joseph war sich dieses Makels wohl bewusst und tat alles, um seiner Reputation anderweitig auf die Beine zu helfen. 1811 beginnt man mit dem Bau eines neuen, für die damaligen Verhältnisse gewaltigen Hof- und Nationaltheaters. Es entsteht anstelle des aufgelösten und abgebrochenen Franziskanerklosters, als Vorbild dient das Pariser Odéon, die Pläne stammen von dem noch überaus jungen Architekten Karl von Fischer. Eine Finanzierung durch Aktionäre schlägt fehl, der Bau muss auf Staatskosten errichtet werden. Im Oktober 1818 wird das Haus eingeweiht, passenderweise mit dem Stück „Die Weihe" des Hofmusikdirektors Fränzl. Fischer attestiert seinem Bau „una elegante robustezza", ist aber selber bei weitem nicht so robust, sondern stirbt im Februar 1820 an einem Leiden, das man damals „die schleichende Auszehrung" nennt.

Wer sich viel in alten Kathedralen herumtreibt, kennt ein Detail, das sich fast toposgleich durch viele Baugeschichten zieht. Da hat sich eine Stadt fast ruiniert für die Errichtung des Gotteshauses, da haben Generationen ad maiorem Dei gloriam Stein auf Stein geschichtet, da hat der Baumeister am Schluss vielleicht noch den Teufel, diesen ewigen Spielverderber, überlisten müssen. Und dann kracht, kaum hat

There Are Times To Celebrate

DAS LEBEN KENNT VIELE FEIERLICHE ANLÄSSE.

MANCHE SIND EHER KLASSISCH. MANCHE SEHR PERSÖNLICH.

VIELLEICHT IST EIN TRAUM IN ERFÜLLUNG GEGANGEN.

VIELLEICHT HATTEN SIE VIEL GLÜCK.

ODER SIE HABEN SICH ETWAS HART ERARBEITET.

ES SIND DIE MOMENTE, AN DIE SIE SICH GERNE ERINNERN.

EIN TIFFANY CELEBRATION RING HÄLT SIE FÜR IMMER FEST.

DER VOLLENDETE AUSDRUCK EINES EINMALIGEN GEFÜHLS.

A TIFFANY CELEBRATION™ RING

TIFFANY CELEBRATION™ RINGS, VON € 1.250,- BIS € 50.000,-
MÜNCHEN RESIDENZSTRASSE 11 EINGANG PERUSASTRASSE 089/29 00 430
FRANKFURT GOETHESTRASSE 20 069/92 00 270
WWW.TIFFANY.COM

TIFFANY & CO.

Piano.

Forte.

Erstklassige Technik, glänzendes Design und meisterhafter Service sind Stärken, die Sie in Ihrer BMW Niederlassung München nicht nur sehen, sondern auch hören und fühlen können.
Wir freuen uns auf Ihren Besuch.

BMW
Niederlassung
München

www.bmw-muenchen.d

Freude am Fahren

**BMW
Niederlassung München**
www.bmw-muenchen.de

**Hauptbetrieb
Frankfurter Ring 35**
80807 München
Tel. 089 / 35 35-10

**Filiale Innenstadt
Dachauer Straße 92**
80335 München
Tel. 089 / 35 35-70

**Filiale Solln
Drygalski-Allee 35/
Barmseestraße 4-10**
81477 München
Tel. 089 / 35 35-50

**Filiale Trudering
Kreillerstraße 217**
81825 München
Tel. 089 / 35 35-30

**Filiale Fröttmaning
Werner-Heisenberg-Allee 10**
80939 München
Tel. 089 / 35 35-61 00

man ein paar schöne Messen drin gefeiert, das Bauwerk oder ein Teil davon – verdächtig oft der Vierungsturm – in sich zusammen und begräbt Gerechte wie Ungerechte unter sich. Die Münchner Oper, eine Kathedrale immerhin der sängerischen Bravour, hatte ein ähnliches Schicksal, und die „Messe", die dabei gelesen wurde, war eine zwiefache: Etienne Méhuls komische Oper „Die beiden Füchse" sowie das darauf folgende Ballett „Die Wildschützen" von Friedrich Horschelt.

Man schrieb den 14. Januar 1823. Der große bayerische Sprachforscher Andreas Schmeller, den Sparsamkeit sonst am Opernbesuch hinderte, war in der Vorstellung und hat uns seine Erinnerungen aufgeschrieben: „Da ging mit einem Male hinter der Leinwand, die den Hintergrund des Zimmers vorstellte, eine sonderbare Helle auf. Feuer, Feuer! schrie alles im Hause. Ich, teils ungläubig, teils an das gerühmte Reservoir denkend, durch welches man die Bühne im Augenblick unter einen dichten Platzregen setzen könne, sah zu, was denn aus dem Ding werden würde." Aus dem Ding wurde die völlige Vernichtung des Opernhauses, weil mit dem Wasser des Reservoirs zwei Tage vorher der Wasserfall in der „Freischütz"-Wolfsschlucht bestritten worden war und man es versäumt hatte, die Behälter neu zu füllen. Bei der klirrenden Kälte gefror alles, was sonst an Löschwasser verfügbar war, mit dem Effekt, dass einer der schönsten Mythen über die gutherzige Münchnerstadt geboren wurde. Es wird seither überliefert, dass die Einwohner den Brand mit Bier zu löschen versucht hätten, wobei es wohl eher so war, dass der Bürgermeister aus den Brauereien Fässer mit warmem Wasser herbeischaffen ließ.

Der König war höchstselbst herbeigeeilt und nervte mit Jammern: „Mein schönes Theater, mein schönes Theater, das überleb ich nicht!" Natürlich überlebte er die Katastrophe, und das auf die kommodeste Weise. Obwohl Max I. Joseph den in seinen Augen zu geringen Einsatz der Münchner rügte, zeigte sich der Magistrat „tief gerührt durch das beklagenswerte Schicksal, welches diesen herrlichen Tempel der Kunst getroffen", und lag dem König an, er möge für den Wiederaufbau „aus den Mitteln Ihrer getreuen Residenzstadt" ein rundes Sümmchen annehmen: 300000 Gulden. Der König geruhte, die Stadt erhob aufs Nationalgetränk einen zweckgebundenen Bierpfennig, und schon zwei Jahre später wurde das unter Leo von Klenze wiedererrichtete Haus, das dann alles in allem freilich 850000 Gulden kostete, neuerlich eröffnet. Und abermals war Horschelt mit einem Ballett dabei, diesmal mit „Aschenbrödel" . . .

Bis das große Haus zum zweiten Mal zerstört wurde, in der Bombennacht vom 2. auf den 3. Oktober 1943, vergingen 120 Jahre, in denen sich die Münchner Oper zu dem ausbildete, als was sie gerühmt und – von nicht wenigen – auch kritisiert wurde: zu einem Hort der vorbildlichen Repertoirepflege, zu einer Stätte, wo die musikalischen Standards gar nicht hoch genug sein konnten und von der aus ein beglückender Glanz in die Welt strahlte; dass der Primat des konservativen Genusses dem avantgardistischen Abenteuer beherrschend im Wege stand, versteht sich bei dieser Lage der Dinge. Das änderte sich, um noch einmal Schläders souveräne Einschätzung heranzuziehen, mit der Verpflichtung von Sir Peter Jonas zum Intendanten: Der verstehe das Musiktheater als einen Ort der Auseinandersetzung sowohl mit den Gegenwartsproblemen als auch mit einer übermächtigen Tradition, und aus diesem Verständnis heraus sei es sein Anliegen, „das Abenteuer des Herzens und des Verstandes" allezeit allgemein verfügbar zu halten.

Was sich in diesen zwölf Jahrzehnten ereignete, war Operngeschichte vor der Art, die man heute möglicherweise als „erste Sahne" bezeichnen würde. Insbesondere die Zeit mit Richard Wagner hat sich in den Herzen der Münchner vergleichsweise zäh festgesetzt, und zwar weit jenseits ihrer fachlichen Relevanz. Dass einiges schwer Bedeutende von Wagner hier das Licht der Welt erblickte, nehmen die Münchner mit nicht uneitler Gelassenheit hin. Fürs Echauffieren bleibt immer noch genug anderes, im Guten wie im Schlechten. Wenn sie Wagner eins reinwürgen wollen, rechnen sie ihm heute noch die Summen nach, die er der Staatskasse oder der königlichen Privatschatulle zu entlocken wusste, wobei sie gerade bei dieser Causa nicht selten versucht sind, die Geldverschwenderei des zugereisten und noch dazu hochfahrenden Sachsen zu ihrer eigenen Leistung umzudeuten: Ohne uns und unser Geld und unsern „Kini" wäre aus dem Kerl ja nie nix geworden!

Bei den Opern-Festspielen von 1904 begab es sich, dass Brünnhildes Ross Grane auf die Regieanweisungen pfiff, eine Exkursion an die Bühnenrampe des Prinzregententheaters – Münchens Antwort auf Bayreuth! – unternahm und dort, wie die Presse launig anmerkte, einen Blick in den „mystischen Abgrund" riskierte. Dann nahm es seine Arbeit wieder auf. Der Münchner ist kein Pferd, doch gelegentlich schaut auch er ganz gern ins Mystische und Abgründige. Danach ist er eine Zeit lang wieder ganz gut zu haben.

C. Bernd Sucher

Das Leben! Was sonst?
Warum brauchen wir Inszenierungen?

Versuchen wir den schlichtesten Beginn: „Inszenieren", so steht im Fremdwörter-Duden, bedeute, „ein Stück vorbereiten, bearbeiten, einstudieren, künstlerisch gestalten". Was auch immer mit „künstlerisch gestalten" gemeint sein mag, das Wort „interpretieren" taucht nicht auf. Das finden wir im Brockhaus. Auch dort wird auf die Vorbereitung der Aufführung Wert gelegt, aber zu einer Inszenierung gehört nach Brockhaus auch eine „künstlerische Interpretation".

Just diese „künstlerische Interpretation" bereitet den Regisseuren und den Zuschauern, also den Produzenten und den Rezipienten, die allergrößten Schwierigkeiten. Zumindest in den letzten 130 Jahren, seit es Regisseure gibt, die ihre Aufgabe nicht mehr allein darin sahen, Stücke zu bearbeiten, zusammen mit Schauspielern oder Sängern einzustudieren, sie auf der Bühne zu führen – was zum Beispiel Goethe mit seinen Regeln für Schauspieler versuchte –, sondern eine eigenständige Interpretation zu wagen. Also: Texte und Partituren zu befragen nach der ihnen womöglich innewohnenden Aktualität.

Im Schauspiel haben sich Zuschauer seit den zwanziger Jahren des vergangenen Jahrhunderts daran gewöhnt, dass Regisseure die Textvorlagen veränderten, manchmal bis zur Unkenntlichkeit, und sie aufluden mit Ideologien, mit intellektuellen Konzepten oder mit den eigenen Gedanken und Gefühlen, die sie – in der Vorbereitung, wohlgemerkt – in den Werken (wieder)fanden. Erst einmal für sich, um diese Funde und Emotionen schließlich sichtbar zu machen und andere daran partizipieren zu lassen. Längst haben die meisten Schauspielbesucher akzeptiert, dass sie auf der Bühne nicht wieder erkennen, was sie zu kennen glauben. Verwegen – manchmal auch rüde – streichen Regisseure Stücke zusammen, stellen Szenen um, nehmen anderer Autoren Texte hinzu, ersetzen Sprache durch Aktionen und

Bilder, verfremden, ironisieren, aktualisieren – wobei sie nicht Halt machen, in dem Jahrhundert, in dem sie leben, sondern mit dem Personal aus 18., 19. und 20. Jahrhundert Ort und Zeit verlassen und in andere Welten vorstoßen.

Gewiss, es gibt sie, die Zuschauer, die empört während der Vorstellung bereits protestieren und schreien: „Das ist nicht Goethe!", „Verratener Horvath!", „Pauvre Corneille!". Aber die Proteste sind seltener geworden. Entweder, diese Demonstranten haben eingesehen, dass sie mit ihren Störungen nichts verhindern, nichts gewinnen, oder aber – was eher unwahrscheinlich ist – : Sie haben begriffen, dass Kunstwerke, Sprach- und Musik-Dramen nur dann als Aufführungen eine Berechtigung haben, wenn Künstler mit den Vergegenwärtigungen mehr leisten als die Vorbereitung und Organisation von Auf- und Abtritten, also: einen reibungslosen Ablauf.

Ein Regisseur muss eine Vision haben; und er muss mit Konventionen brechen. Die Geschichte des Theaters und der Oper ist eine Geschichte der Regelverletzungen. Sie beginnt schon in der Antike, als zu Lasten des Chores die Zahl der Protagonisten erhöht wurde. Performative Kunst – und in der Malerei und der Literatur ist es nicht anders! – braucht, will sie nicht museale Wiederholung von erfolgreich bereits Erprobtem sein, den Bruch. Er bedeutet weit mehr als eine neue Sicht auf die Vorlage, er bedeutet mit jeder Inszenierung, das Medium zu befragen nach seiner Tauglichkeit, unsere Gesellschaft und unser Leben zu verstehen und – gebrochen, verzerrt oder vergrößert zu reflektieren.

Peter Brook, einer der klügsten und zugleich erfindungsreichsten Regisseure, der mit seinen Arbeiten – auch denen in der Oper – Maßstäbe setzte für Generationen, formulierte diesen Gedanken so klar wie wenige nur. Er, der mit seinen Inszenierungen, die immer eigenständige und eigenwillige Interpretationen sind, dem Ideal Richard Wagners vom „Gesamtkunstwerk" so nahe gekommen ist wie kein anderer Regisseur – wodurch er eigentlich stets der auteur eines Abends ist –, erklärte in einem Gespräch, dass es im Theater und in

Woran hängt Ihr Herz?

Was einmal aus Ihrem Vermögen wird, ist nicht egal. Denn Sie haben es weit gebracht und wollen **IHRE WERTE BEWAHREN**. Vererben, schenken, eine Stiftung gründen? Unsere Experten beraten Sie mit Erfahrung, Sachverstand und Weitsicht. Für Sie persönlich.

Maximiliansplatz 13, 80333 München,
Private Banking, Tel +49 (0)89 / 23 95 - 14 95

www.reuschel.com

der Oper nur um eines gehe: um das Leben. „Worum sollte es sonst gehen? Ist es in dieser kurzen Zeit, die man im Theater verbringt, möglich, in eine lebendige Situation zu treten, auf eine wahrhaft andere Weise, eine intensivere Weise, als würde man die genau gleiche Situation irgendwo im Alltagsleben erleben? Ich glaube, das ist die einzige Frage."

Wenn es denn um unser Leben, hier und jetzt, um „the present moment" geht, dann kann, dann darf auch das Musiktheater nicht in der Vergangenheit stehen bleiben. Muss das 17., 18., 19. und auch das 20. im 21. Jahrhundert ankommen, was – zugegeben – im Falle des Musikdramas für jeden Regisseur weit schwieriger ist als beim Schauspiel. Weil die musikalische Form Eingriffe in die Struktur beinahe unmöglich macht. Dennoch, in der theatralen Vergegenwärtigung geschieht auch das Unmögliche, wir haben es erlebt. Das Theater, so Brook, müsse sich immer wieder neu erfinden. Ein Regisseur müsse starke Überzeugungen haben und dennoch bereit sein, diese wieder zu verwerfen. Da haben wir den Anspruch, mit Konventionen zu brechen; Regeln zu verletzen, sie gar aufzugeben, Rezeptionsgewohnheiten unberücksichtigt zu lassen.

Es ist gar nicht nötig, gegen den von konservativen Zuschauern immer wieder bemühten Begriff von der „Werktreue" zu Felde zu ziehen. Denn es gibt keine Werktreue, nicht die Aufführung, die dem Werk treu dient. Weil – glücklicherweise – keine vom Dichter oder Komponisten autorisierte Musteraufführung existiert. Zudem: In der Theater-Kunst lässt sich das Falsche so wenig wie das Richtige diskutieren, nicht einmal denken. Es gibt allein das Angemessene. Wenn es einem Regisseur gelingt, das von Lesern, Hörern, Zuschauern vor der Präsentation als unangemessen Gedachte als das Angemessene zu behaupten und ihm für einen Theaterabend lang Geltung zu verleihen, dann hat er geleistet, was er leisten muss.

Niemand komme mit dem Argument, Zuschauerschwund beweise, dass Regisseure etwas falsch gemacht hätten. Genauso wenig mit der Behauptung, dass volle Häuser das Gegenteil bewiesen: die *richtige Inszenierung. Und leere Häuser zu entschuldigen mit einem besonderen künstlerischen Anspruch, den Zuschauer, mangels Bildung oder aus ignoranter Verweigerung ablehnten, ist gleichfalls nur Ausflucht. Patrice Chéreaus Bayreuther "Ring des Nibelungen" hat sich gegen alle vehemente Kritiker – auch die professionellen – ebenso durchgesetzt wie viele Aufführungen an der Bayerischen Staatsoper, die zunächst bei vielen Zuschauern nur auf Unverständnis, gar Empörung stießen – denken wir nur an die Inszenierungen der Händel-Opern und -Oratorien. Noch einmal Peter Brook: „Leute, die Theater machen, dürfen die Tatsache niemals aus den Augen verlieren, dass, in einem gewissen Sinne, Theatersäle voll sein müssen. Doch sie müssen auf ehrenhafte Weise voll sein. Und hier stellt sich ein entscheidendes Problem. Die Theatersäle auf ehrenhafte Weise leer zu lassen, ist noch leichter."*

Was ist ehrenhaft? Was unehrenhaft?

Unehrenhaft ist: Der Zuschauer Erwartungen zu bedienen. Dann wird Theater oder Oper Museum und die Aufführung zum in Szene gesetzten Reclamheft. Dann wird – irgendwie – befolgt, was Autor, Librettist und Komponist vorgeschrieben haben: Orte, Zeiten, Kostüme, Blicke, Auf- und Abtritte. Dann ist der Regisseur ein Arrangeur. Er hat das Theater unehrenhaft gefüllt. Gefordert wird von den Zuschauern dabei nichts – nicht einmal Phantasie. Das ist Regisseurs leichteste Übung.

Ehrenhaft ist es, den Zuschauern das Staunen zu lehren, sie zu verführen, genau hinzusehen, im (erst einmal) Fremden, das Eigene zu sehen, zu fühlen – und letztlich zu erkennen. Das ist die schwierigste Aufgabe, das größte Ziel: Menschen mit Neuem zu begeistern und sie mitzunehmen auf eine Lebenserkundungsreise, die allein das Theater bieten kann. Solch ein Regisseur fordert vom Zuschauer Wachheit, Neugier, Phantasie. Das Theater mag zunächst nicht voll sein; aber es wird sich füllen. Das ist die schwierigste Übung.

BVLGARI

BVLGARI.COM

B.zero1

MÜNCHEN • MAXIMILIANSTRASSE 17, 089 2121760

AIDA BARNI, L'ALTRO NOME DEL CASHMERE

AIDA BARNI

Aida Barni, der andere Name für Cashmere. Die italienischen Strickwaren der höchsten Cashmere-Qualität finden Sie nur in führenden Modehäusern und bei Herrenausstattern in Deutschland, Österreich und der Schweiz. Die besten Adressen fürs Cashmere Shopping erfahren Sie über das Telefon 0711-16 05 50 oder per Fax 0711-16 05 525. Und alles über die Herkunft dieser besonders hochwertigen Strickmode-Kollektion oder den bildreichen Band »Cashmere – Edle Faser, noble Mode« durch einen Klick: www.kassuba.de

Ehrenhaft und leer? Hier überfordert ein Regisseur das Publikum, meistens aus Selbstüberschätzung. Wenn Theater keine Entdecker-Lust entfacht, nicht Neugierde anstachelt, nicht Staunen macht, sondern, verrätselt und verkopft, nur beweisen will, dass die Macher klug, die Zuschauer blöde sind, dann mögen manche, die, aus Angst für dumm zu gelten, sich besonders intellektuell gerieren und hymnisch loben: Tatsächlich aber fühlt sich der Zuschauer ausgesperrt, allein gelassen. Auch eher eine einfache Regisseurs-Übung. Peter Brook hat recht: „Man muss immer wissen, dass die Schuld nicht beim Publikum liegt, wenn ein Theater leer ist."

Wenn Staunen-Lehren eine Qualität einer Inszenierung ist, wovon ich überzeugt bin, so gibt es zwei Formen dieses Staunens. Zum einen kann diese Verblüffung einem Regisseur gelingen durch Einfälle; zum anderen durch Einfühlung, durch Intuition und Ideen. Der Einfallspinsel bebildert alte Stoffe modern. In solchen Aufführungen – wir haben sie alle allüberall schon erlebt – sind die Regisseure Arrangeure und die Bühnen- und Kostümbildner, die eigentlich kreativen Macher. Sie schicken Wotan als Star-Warrior auf Erkundigungsmission, oder sie katapultieren Prinzessinnen in Galaxien; sie machen aus einem Zauberwald einen Regenschirmdschungel und aus einem Ballsaal eine Wohnküche. Der schnelle Einfall ist nur Überfall. Mit Bildern, die meist verdoppeln, was gesagt, was gesungen wird. Nicht, dass Videokunst, dass Film keinen Platz haben sollte auf einer Bühne – nein, sie mögen benutzt werden wie das Comic –, aber Regisseure sollten, gemeinsam mit ihren Bühnenbildern wissen, was sie tun, was sie zu lassen haben. Sich also fragen, was ist angemessen: welches Bildmittel taugt zu erzählen, was erzählt zu werden sie sich vorgenommen haben.

Viele Theatertheoretiker setzten sich – vor allem in Frankreich – auseinander mit dem Begriff des Angemessenen. Klar, dass sie diese Kategorie ursprünglich am gesellschaftlichen Umgang, auch an Machtstrukturen, an einem verbindlichen Verhaltenskodex festmachten. Darum kann es heute in den seltensten Fällen noch gehen. Anderes muss gefordert werden. Es geht um den Geist, der in einem Werk herrscht, er muss gefunden, diskutiert und für heutige Zuschauer wieder belebt werden, damit er, erst einmal erkannt, schließlich taugt, eigene Erkenntnis zu gewinnen.

Warum? Ist doch alles klar, schimpfen die Werktreu-Gläubigen, was ist daran so schwierig, wenden sie ein, weil sie überzeugt davon sind, es habe sich an den Emotionen nichts geändert. Othellos Eifersucht müsse man nicht aktualisieren; Manon Lescauts Liebe sei so zeitlos wie die Romeos, der Zerstörungswille Richard III. nie unaktuell und die Liebesglut eines Radames für Ewigkeiten vergleichbar allen anderen unbedingten Begierden rückhaltslos begehrenden Menschen. Gewiss: Hass, Liebe, Eifersucht, Geiz, Bosheit, Intrigen, Machtstreben, Zerstörungswille, Verrat, Geilheit und Kälte sind Konstanten in der Geschichte der Menschheit, allein: Wie sich diese Emotionen äußern oder wie sie versteckt werden, die Methoden (oder Stile) sie zu offenbaren oder sie zu verheimlichen, sie haben sich gewaltig verändert. Manches Verhalten muss gar erinnert werden, wie die Scham zum Beispiel.

Wenn zutrifft, was Peter Brook äußert, dass wir Zuschauer aus dem Leben, das Menschen uns spielend zeigen, für unser Leben zumindest emotionalen Gewinn zögen, dann muss auf der Bühne etwas geschehen, was auf uns selbst verweist. Wir müssen nichts lernen – niemals verlassen wir ein Theater mit dem Aha-Erlebnis: Also so ist das! – wir müssen fühlen, mitleiden, uns mitfreuen, mitweinen, mitlachen, um dann, zuweilen viel später, zu begreifen, was das Leben ist oder was es sein könnte.

Natürlich wäre es schön, wenn man die Kunst mit der Predigt verbinden könnte – es gelingt nie, selbst Lessing misslang es in seinem dramatischen Gedicht „Nathan der Weise". Natürlich wäre es sinnvoll, wenn man die Kunst mit der Politik verbinden könnte – es gelingt nie, selbst Schiller, Brecht und Peter Weiss scheiterten. Natürlich wäre es hilfreich, wenn man die Kunst mit dem Leben kurzschließen könnte. Doch William Shakespeare, Heinrich von Kleist, Anton Tschechow und *auch Botho Strauß, Händel, Mozart, Wagner, Richard Strauss schufen nicht Abbild von Leben, sie verdichteten es. Deshalb müssen Regisseure, diese Dichte beibehaltend, das Leben zu finden suchen, ohne dem Kunstwerk Schaden zuzufügen. Sie müssen auf den Bühnen den Geist bewahren und ihn übertragen. Ihre Arbeit ist nicht Rekonstruktion, sondern Neubelebung. Die Marschallin im „Rosenkavalier" kann keine Zeitgenossin werden; ihr Fühlen, Begehren, ihre Angst zu altern und allmählich ihr Liebesglück zu verlieren, sie lassen sich indes durch szenische Zeichen als durchaus heutige veröffentlichen.*

Wozu Oper? Wozu Theater? Wenn nicht, um mit dem Spiel, das unziemlich ernst werden kann, auf uns Heutige zu verweisen. Auf unser Unglück, auf unsere Unsicherheit: Nie zu wissen, was das Leben ist – und es doch zu leben.

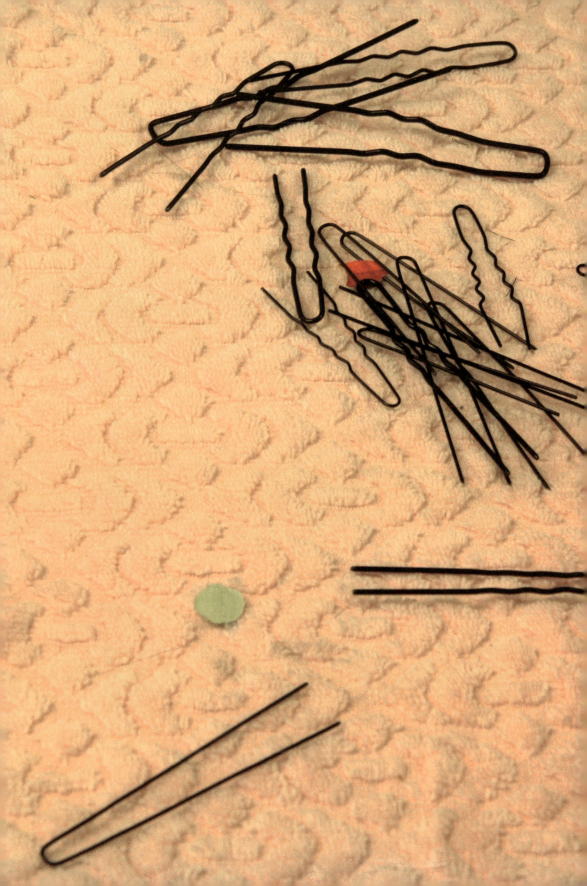

Josef Ackermann

Unternehmen, Unternehmer und die Verantwortung für Kunst und Kultur

Es ist ohne Zweifel eine nicht ganz einfache Aufgabe, sich als Manager auf das Feld der Kunst und Kultur zu begeben, handelt es sich bei Wirtschaft und Kultur doch um zwei bisweilen recht unterschiedliche Welten. Der Umgang mit diesen beiden Welten wird mir dadurch erschwert, dass ich mich nicht an dem Witz und dem Scharfsinn eines Sir John Falstaff messen kann. Zudem kann ich mir nicht erlauben, so wie Falstaff gleich zu Anfang auf alle herkömmlichen Ehrbegriffe zu pfeifen.

Vielmehr möchte ich mich dem Zusammenspiel von Unternehmen und Kulturbetrieb nachdenklich annähern und einige der Gedanken skizzieren, die mich in dieser Frage bewegen. Ich will mich, wie Falstaff, dem Thema mit einer List nähern. Diese List ist allerdings eine ganz offensichtliche und für jeden sofort durchschaubare, nämlich der Umweg über die Zukunft: weit genug entfernt von unserer Gegenwart, so dass ihr völlig spekulativer, rein fiktionaler Charakter von niemandem bezweifelt werden kann.

Wir schreiben also, sagen wir, das Jahr 2025. Auf ihrer Bilanz Pressekonferenz hat die „Bayerische Oper AG", die acht Jahre zuvor aus der Privatisierung der Bayerischen Staatsoper hervorgegangen ist, ihren Jahresabschluss präsentiert. In der „Süddeutschen Zeitung" könnte am darauffolgenden Tage etwa Folgendes zu lesen sein:

„In der zurückliegenden, wieder von einigen spektakulären Publikumserfolgen gekennzeichneten Saison hat die ‚Bayerische Oper AG' ihr Ergebnis nach Steuern im dritten Jahr in Folge noch einmal um mehr als 12% steigern können. Nicht nur die Zahl der Aufführungen und der Zuschauer konnte deutlich erhöht werden. Vor allem ist es gelungen, eine signifikante Steigerung des durchschnittlichen Ticketpreises am Markt durchzusetzen.

Der Kurs der Opern-Aktie tendierte nach Bekanntgabe des in dieser Höhe von den Analysten nicht antizipierten Ergebnisses bei insgesamt schwachem Handel noch einmal deutlich nach oben. Zugleich verdichteten sich die Gerüchte über eine bevorstehenden Übernahme der „Adventure-Opera Corporation" mit Spielstätten in London, Amsterdam, Sydney und Oslo durch die Münchner Oper AG. Der Vorstandssprecher wollte auf Nachfrage entsprechende Vermutungen nicht bestätigen, ließ aber keinen Zweifel daran, dass eine Internationalisierung aufgrund der sich bietenden Cross-Selling-Potenziale die Ertragskraft und den Unternehmenswert nachhaltig steigern würde. Im Zusammenhang der Vorstellung des Jahresergebnisses gab die Oper-AG zugleich bekannt, dass sie ihre Corporate Citizenship Aktivitäten ausweiten werde. Dabei wolle sich das Musik-Haus vor allem auf die Förderung traditioneller Handwerksbetriebe im Voralpenland konzentrieren."

Eine solche Nachricht aus der Zukunft könnte uns Musikliebhaber und Kulturförderer von heute – ob private oder öffentliche – nur allzu freudig stimmen. Was gibt es Schöneres und gerade in heutigen Zeiten Beruhigenderes, als die Oper, die Künste insgesamt, prosperieren zu sehen? Was könnte uns mehr freuen, als zu erleben, dass die Oper tatsächlich wirtschaftlich unabhängig wird? Was gäbe es für das anspruchsvolle Musiktheater für eine erfreulichere Aussicht, als auch noch finanziellen Gewinn zu machen – und zwar nachhaltig und auf Basis eines breiten, vielleicht sogar internationalen Publikums?

Trotzdem beschleicht mich eine gewisse Befangenheit, ein diffuses Unbehagen bei dieser Meldung aus der Zukunft. Irgendetwas scheint uns bei der Vorstellung von einem Opernhaus als internationalem, auf Ertragssteigerung und shareholder-value ausgerichtetem Kultur-Konzern zu irritieren.

Haben wir uns vielleicht einfach zu sehr an die Vorstellung von Oper als Subventionsbetrieb gewöhnt, als dass wir das gegenteilige Bild zunächst als Karikatur empfinden? Oder hat unsere Ambivalenz noch tiefere Ursachen?

Die Vermögenskultur
der bleibenden Werte:

Die Kunst, mit innovativen Methoden
und Instrumenten bleibende Werte
zu schaffen, zu erhalten und zu mehren.

www.lgt.com

LGT Bank in Liechtenstein & Co. OHG · München
Tel. 089 417 76 00 · lgt.deutschland@lgt.com

Detail aus Elisabeth Vigée Lebrun,
Porträt der Fürstin Karoline von Liechtenstein als Iris
© Sammlungen des Fürsten von und zu Liechtenstein, Vaduz,
Liechtenstein Museum, Wien

**LGT Bank – Die Privatbank
des Fürstenhauses von Liechtenstein.**

Music & Art

Manuskripte des Mittelalters

Gemälde und Zeichnungen des 17.–19. Jahrhunderts

Photographien von Werner Neumeister

29. Juni – 29. Juli 2005

Eine Ausstellung in Zusammenarbeit mit Heribert Tenschert,
Antiquariat Bibermühle AG, Bibermühle 1, CH-8262 Ramsen

Besuchen Sie unsere Galerie – nur 5 Minuten von der Oper entfernt.
Öffnungszeiten: Dienstag bis Freitag 10.00 – 18.00 Uhr, Samstag 10.00 – 14.00 Uhr

Bernheimer
Fine Old Masters

Brienner Strasse 7 · D-80333 München
Tel: +49-89-226672 · Fax: +49-89-226037
www.bernheimer.com

Meine Vermutung ist, dass unserem Unbehagen das implizite Bewusstsein, die Ahnung – vielleicht auch Unterstellung? – eines fundamentalen Unterschieds zwischen der Welt der Kunst und der Welt der Wirtschaft zugrunde liegt:

Die Kunst ist sich selbst der letzte Zweck. Sie soll nach unserem Empfinden idealerweise in doppeltem Sinne frei sein – frei von irgendwelcher Bevormundung und Gängelung und frei von allen anderweitigen Zwecken. Die Wirtschaft dagegen dient einem klaren Ziel, nämlich dem einer wachsenden materiellen Wohlfahrt der Menschheit. In der Kunst geht es um Schöpfungen aus den prinzipiell unbegrenzten Ressourcen der Imagination, der Phantasie. In der Wirtschaft geht es darum, prinzipiell knappe Ressourcen der jeweils besten Verwendung zuzuführen.

Auch Künstler stehen zwar äußerlich im Wettstreit um die Gunst des Publikums. Aber sie machen sich gegenseitig mit ihren Werken keine Konkurrenz. Künstlerische Werke können in unbegrenzter Menge nebeneinander bestehen – und statt sich gegenseitig zu verdrängen, beflügelt sich die Qualität und Produktivität von Künstlern gegenseitig. Das belegen auf eindrucksvolle Weise die verschiedenen „goldenen Epochen" der Kulturgeschichte in den uns überlieferten Zeugnissen.

Natürlich ist auch der sogenannte Kunst- und Kulturbetrieb nicht frei von wirtschaftlichen Zwängen und einem Wettbewerb um knappe Ressourcen. Das musste schon Shakespeare, der erste Autor des Falstaff-Stoffes, erfahren, wie auch Verdi – und so ist es auch heute noch.

Dennoch: In unserem Ideal der Kunst kommt der Antrieb, die Orientierung, die Zielsetzung für das Kunstschaffen von innen. Die Kunst sucht zwar die Bestätigung des Publikums, doch liegt darin – im Unterschied zur Unterhaltungsindustrie – nicht ihr wesentlicher Zweck. Die Kunstgeschichte lehrt uns, dem Publikum, deshalb auch Demut – und nötigt uns zur Zurückhaltung mit abschließenden Urteilen: Wie viele Werke sind in der Geschichte erst von späteren

Generationen erkannt und geschätzt worden, wie viele große Künstler, Genies, sind erst bei den Nachgeborenen zu Ruhm und Ehre gekommen?

Ganz andere Antriebe dagegen bestimmen die Wirtschaft: Unternehmen stehen in einem echten Verdrängungswettbewerb und ziehen ganz allein aus dem aktuellen und nachhaltigen Zuspruch des Publikums, der Kunden, ihre Existenzberechtigung. Ohne Effizienz und Kundenorientierung sind Imagination und Kreativität in der Wirtschaft nicht viel wert. Gewinne sind kein Selbstzweck, sondern, wie wir seit Adam Smith wissen, unerlässliche Signale und Anreizfaktoren für das Wirken der viel zitierten „unsichtbaren Hand", die nichts anderes tut, als die knappen Produktionsfaktoren einer Volkswirtschaft der im Urteil der Allgemeinheit – d.h. des Marktes – jeweils nutzbringendsten Verwendung zuzuführen.

Noch deutlicher jedoch wird der Unterschied zwischen den Sphären der Künste und der Wirtschaft, wenn wir uns eine Welt frei von aller Not und allen materiellen Sorgen denken. Ich jedenfalls könnte mir das Paradies eher ohne Banken, Versicherungen oder Elektro-Konzerne vorstellen – aber ohne Kunst, Musik oder Literatur? Niemals!

Wenn es also stimmt, was ich vermute, dass für uns die Oper „von der Venus kommt", die Wirtschaft dagegen „vom Mars" – was heißt das für das Verhältnis von Wirtschaft und Kunst? Was bedeutet dies für unser Thema, Corporate Citizenship, oder, in diesem Zusammenhang, für die Verantwortung von Unternehmen für Kunst und Kultur?

Die Frage wird für mich noch dadurch akzentuiert, dass die hier behaupteten Wesensunterschiede von Kunst und Wirtschaft auf den ersten Blick auch die berühmte Position von Milton Friedmann zu bestätigen scheinen. Friedmann zufolge besteht die gesellschaftliche Verantwortung von Unternehmen allein darin, Gewinne zu generieren – „The business of business is business", wie er 1962 in seinem Buch „Kapitalismus und Freiheit" notiert. Unternehmen sollten sich deshalb nach Meinung des Nobelpreisträgers auch nicht auf das Feld der

Kulturförderung begeben, sondern dies lieber ihren Anteilseignern überlassen.

Diese Interpretation widerstrebt nicht nur dem Musikliebhaber und Kulturmensch in mir, sondern auch dem Manager. Ich bin davon überzeugt, dass es richtig ist, dass sich Unternehmen gesellschaftlich und kulturell engagieren, und dass sich ein solches Engagement auch für die Unternehmen „lohnt" – und damit nicht unbedingt im Widerspruch zu deren wirtschaftlichen Zielen stehen muss.

Roland Berger hat sich als Vorsitzender des Premium Circles der Bayerischen Staatsoper in besonderer Weise für die Münchner Staatsoper und auch weit darüber hinaus für kulturelle Belange verdient gemacht. Besonderer Dank allerdings gebührt Roland Berger bzw. seiner Unternehmensberatung aber auch dafür, dass sie jüngst den Nutzen der Kulturförderung für die Unternehmen empirisch belegt haben. In einer Studie der Beratungsfirma wurde nicht nur der betriebswirtschaftliche Vorteil durch Kulturförderung bestätigt, sondern auch auf das enorme noch ungenutzte Potenzial verwiesen, das sich für Unternehmen dadurch erschließen ließe. Klare Wettbewerbsvorteile lassen sich insbesondere bei den Unternehmen erkennen, die mit ihrem kulturellen Engagement eine explizite Strategie verfolgen. Empirisch haben sich kulturelle Aktivitäten also als nützlich für die Unternehmen erwiesen – und das freut mich.

Hinzu kommt die Macht des Faktischen: Natürlich haben Unternehmen als Teil der Gesellschaft eine über das rein Wirtschaftliche hinausgehende Verantwortung – und nehmen diese auch seit vielen hundert Jahren und gerade heute in einem breiten Umfang wahr. Ich möchte – nicht zuletzt aus aktuellem Anlass – an dieser Stelle in zweierlei Hinsicht ausholen:

Erstens: Gesellschaftliches unternehmerisches Engagement setzt gesunde Unternehmen voraus. Nur erfolgreiche Unternehmen haben überhaupt die Ressourcen, also den finanziellen Handlungsspielraum, außer den Anteilseignern und den Mitarbeitern auch die Gesellschaft im Allgemeinen an ihrem Geschäftserfolg partizipieren zu lassen. Was

Residenzstrasse 17 · 80333 München · www.vanlaack.com

– gerade heute – häufig übersehen wird, ist, dass Unternehmenserfolg und gesellschaftliche Verantwortung keine Gegensätze sind. Ganz im Gegenteil: Das eine ist eine notwendige Bedingung der Möglichkeit des anderen.

Zweitens sind Unternehmen nicht nur wichtige Mäzene, sondern auch Steuerzahler und werden so in substanziellem Umfang ihrer unternehmens-bürgerlichen Verantwortung gerecht. Allein in dem Unternehmen, für das ich arbeite, sprechen wir dabei über einen Aufwand von mehr als einer Milliarde Euro an Körperschafts-, Umsatz- und Lohnsteuern im Jahr 2004 hier in Deutschland.

Doch zurück zu Milton Friedman: Wir können nur ahnen, was in den USA ein Carnegie, Rockefeller oder Mellon, oder in Deutschland ein Bosch, Körber, die Familien Mohn oder Quandt zu dessen apodiktischer These sagen würden. Ich finde allerdings, das Handeln dieser Unternehmer bzw. ihrer Familien spricht eine deutliche Sprache. Und auch aus Sicht einer Aktiengesellschaft im Streubesitz sprechen die Signale für Corporate Citizenship als „business-case": Aktionäre und Kunden sind Teil der Gesellschaft und erwarten einen solchen Beitrag. So können Siemens-Aktionäre stolz darauf sein, den Namen ihres Unternehmens mit einem Preis verbunden zu sehen, der in Fachkreisen den Ruf eines „Nobelpreises für Musik" genießt. Ebenso vermute ich, dass etwa die Hypo-Kunsthalle genauso wenig aus München wegzudenken ist wie aus dem Bewusstsein der Hypo-Aktionäre – um nur auf zwei Beispiele aus der unmittelbaren Umgebung zu verweisen. Sogar Rating-Agenturen und Wirtschaftsmagazine – jüngst etwa wieder der „Economist" – nehmen gesellschaftliche Verantwortung der Unternehmen in ihre Beurteilung auf.

Und vielleicht darf ich an dieser Stelle in aller Unbescheidenheit auch über unsere eigenen Erfahrungen bei der Deutschen Bank sprechen: Die Resonanz, die wir vor kurzem aus ganz Deutschland auf den Film „Rhythm is it" erhalten haben, der auf eine wirklich berührende, überwältigende Weise die pädagogische Wirkung der von uns geförderten Bildungsprojekte der Berliner Philharmoniker dokumen-

tiert, enthält gerade nicht die Frage: „Warum macht ihr das?". Ganz im Gegenteil – unser Engagement wird allenthalben begrüßt. Deshalb haben wir diese Initiative jetzt auch zusammen mit der Kulturstiftung der Länder von Berlin aus auf die Bundesebene ausgeweitet.

Opernfreunden wird vielleicht auch die „Akademie Musiktheater heute" bekannt sein, mit der wir seit einigen Jahren helfen, nicht den musikalischen, sondern sozusagen den „Führungsnachwuchs" der Oper zu unterstützen, also zukünftige Intendanten, Dramaturgen, und Regisseure – kurz: die „Sir Peter Jonasse" von morgen. Denn nur mit dem richtigen Führungspersonal kann die Oper überleben, indem sie auch in Zukunft mit neuen künstlerischen Ideen neue Publika gewinnt – und mit neuen Management-Konzepten auch die Kämmerer und Ministerien.

Schließlich: Welcher Aktionär wollte angesichts des überwältigenden Publikumserfolgs den Nutzen unseres Sponsorships von „Das MoMA in Berlin" in Frage stellen? Dessen Erfolg ist – und das ist mir wichtig – auch und gerade ein Erfolg von Kunst-Vermittlung an breite Schichten in unserer Gesellschaft.

Selbst in Zeiten knapper Kassen wird ein solches Engagement von niemandem grundsätzlich in Zweifel gezogen. Nicht zuletzt unsere Mitarbeiter sehen das so. Wir haben nachgefragt und in einer anonymen und repräsentativen Umfrage in 2003 – einem für die Bank bekanntermaßen schwierigen Jahr – u.a. erfahren, dass nur 2% das gesellschaftliche und kulturelle Engagement unseres Hauses für nicht erforderlich halten. Rund 70% sprachen sich vielmehr für umfangreiche und vor allem kontinuierliche Förderungen aus – sogar unabhängig von Dividende, Ertrag oder Mitarbeiterzahl. Auch unsere Mitarbeiter sehen offenbar in diesem Engagement einen selbstverständlichen Teil der Identität des Unternehmens, den man auch in schlechten Zeiten nicht aufgeben darf, und der gerade nicht in Konkurrenz zu den kurzfristigen Interessen anderer stakeholder steht.

Insgesamt deuten also sowohl die Ergebnisse systematischer Untersuchungen als auch die impressionistische Evidenz darauf hin, dass

Unternehmen in der Tat mit voller Unterstützung von Aktionären, Mitarbeitern und Kunden als verantwortungsvolle Förderer von Kunst und Kultur tätig sind, und es spricht – wie ich meine – auch einiges dafür, dass dies so bleiben sollte. Von daher ist die Versuchung groß, sich mit dieser Versöhnung von Mars und Venus, mit dieser Vermittlung zwischen den Imperativen der Kultur und denen der Wirtschaft zufrieden zu geben.

Freilich sind damit nicht alle Probleme gelöst. Denn ist es nicht paradox, strategische Zwecke zu verfolgen und Nutzen ziehen zu wollen aus der Förderung von etwas, das, wie ich eingangs noch behauptet hatte, seinen Zweck ganz in sich selbst trägt und seinem Wesen nach gerade nicht darauf ausgerichtet ist, jemandem oder zu irgend etwas nützlich zu sein? Sind Wettbewerbsvorteile, die ein mäzenatisches Engagement für die Künste den Unternehmen verschaffen können bzw. sollen, nicht ein Widerspruch in sich selbst? Besteht der Wert der Kunst nicht gerade in der Freiheit von äußeren Zwängen und Zwecken, und verdient sie unsere Förderung nicht gerade wegen dieser Zweckfreiheit?

Wie wir es auch drehen und wenden, das Zusammenwirken zwischen Kultur und Unternehmen gibt uns nach wie vor schwierige Fragen auf. Ich schließe deshalb mit einem nur scheinbar paradoxen Plädoyer: dem Plädoyer für eine Kultur der „zwecklosen" Kulturförderung, der nicht-strategischen, nicht-intentionalen Nutzenorientierung. Nur wenn wir Manager keinen Nutzen aus der Kulturförderungen erwarten, haben wir die Chance, den richtigen, den wirklich gewollten Nutzen zu stiften – nämlich für eine freie, für große Kunst, und vielleicht auch nebenbei noch für alle, die sie lieben – unsere Aktionäre, unsere Kunden, unsere Mitarbeiter.

Der Text ist die leicht bearbeitete Fassung einer Rede, die Dr. Josef Ackermann im Rahmen des dritten Premium Circle Symposiums der Bayerischen Staatsoper am 15. Februar 2005 im Königssaal des Nationaltheaters gehalten hat, das diesmal unter dem Thema "Corporate Citizenship – welche Verantwortung tragen Staat, Unternehmen und Bürger für den Erhalt und die Weiterentwicklung von Kunst und Kultur?" stand.

Vorhang auf für Rigoletto

O₂ wünscht Ihnen einen unvergesslichen Abend in der Bayerischen Staatsoper.

O₂

Opern

Simplicius Simplicissimus

Karl Amadeus Hartmann
Hermann Scherchen, Wolfgang Petzet
und Karl Amadeus Hartmann nach dem Roman
„Der abenteuerliche Simplicissimus Teutsch"
von Jacob Christoffel von Grimmelshausen

Gastspiel der Staatsoper Stuttgart

Musikalische Leitung: Kwamé Ryan
Inszenierung: Christof Nel
Bühne: Karl Kneidl
Kostüme: Silke Willrett
Chöre: Johannes Knecht
Dramaturgie: Klaus Zehelein, Jens Schroth

Claudia Mahnke, Márcia Haydée;
Frank van Aken, Heinz Göhrig, Michael Ebbecke,
Mark Munkittrick, Helmut Berger-Tuna

Festspiel-Premiere am Montag, 27. Juni 2005, 20.00 Uhr

Prinzregententheater

*Das Gastspiel wurde ermöglicht von
der Ernst von Siemens Musikstiftung und
den Freunden des Nationaltheaters e.V.*

La forza del destino

Giuseppe Verdi
Francesco Maria Piave

Neuinszenierung

In italienischer Sprache mit deutschen Übertiteln

Musikalische Leitung: Fabio Luisi
Inszenierung: David Alden
Bühne und Kostüme: Gideon Davey
Choreographische Mitarbeit: Beate Vollack
Licht: Reinhard Traub
Chöre: Andrés Máspero

Violeta Urmana, Dagmar Peckova, Barbara Heising;
Steven Humes, Mark Delavan, Franco Farina/Frank Poretta,
Kurt Moll, Franz-Josef Kapellmann, Gerhard Auer,
Kevin Conners, Christian Rieger

Festspiel-Premiere am Dienstag, 28. Juni 2005, 18.00 Uhr

*Weitere Vorstellungen: Freitag, 1. Juli 2005, 18.00 Uhr,
Donnerstag, 7. Juli 2005, 18.30 Uhr, Montag, 11. Juli 2005, 18.30 Uhr*

Nationaltheater

*Einführungsmatinee am Sonntag, 12. Juni, 11.00 Uhr, im Max-Joseph-
Saal der Residenz, Einführung vor den Vorstellungen am 1. Juli,
17.00 Uhr sowie am 7., und 11. Juli, 17.30 Uhr im Capriccio-Saal*

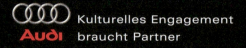

Alcina

Georg Friedrich Händel
Unbekannter Librettist nach Ludovico Ariost

Neuinszenierung

In italienischer Sprache mit deutschen Übertiteln

Musikalische Leitung: Ivor Bolton
Inszenierung: Christof Loy
Bühne und Kostüme: Herbert Murauer
Choreographie: Beate Vollack
Licht: Reinhard Traub

Anja Harteros, Vesselina Kasarova, Veronica Cangemi, Sonia Prina, Deborah York; John Mark Ainsley, Christopher Purves

Nach einer Produktion der Hamburgischen Staatsoper

Festspiel-Premiere am Sonntag, 17. Juli 2005, 18.30 Uhr

Weitere Vorstellungen:
Mittwoch, 20. Juli 2005, 18.30 Uhr
Sonntag, 24. Juli 2005, 18.30 Uhr
Mittwoch, 27. Juli 2005, 18.30 Uhr
Samstag, 30. Juli 2005, 18.30 Uhr

Prinzregententheater

Einführungsmatinee am Sonntag, 10. Juli, 11.00 Uhr, im Max-Joseph-Saal der Residenz

Billy Budd

Benjamin Britton
E.M. Forster und Erik Crozier
nach der Erzählung von Herman Melville

Neuinszenierung 2004/05

In englischer Sprache mit deutschen Übertiteln

Musikalische Leitung: Kent Nagano
Inszenierung: Peter Mussbach
Bühne: Erich Wonder
Kostüme: Andrea Schmidt-Futterer
Licht: Alexander Koppelmann
Chöre: Andrés Máspero

John Daszak, Nathan Gunn, John Tomlinson,
Martin Gantner, Lynton Black, Christian Rieger, Ulrich Reß,
Nikolay Borchev, Daniel Lewis Williams, Kevin Conners,
Anthony Mee, Rüdiger Trebes, Vadim Volkov, Matthias Wippich,
Kenneth Roberson, Steven Humes, Christian Miedl

Sonntag, 17. Juli 2005, 19.00 Uhr
Mittwoch, 20. Juli 2005, 19.00 Uhr

Nationaltheater

Einführung vor den Vorstellungen am 17. Juli und 20. Juli, 18.00 Uhr,
im Capriccio-Saal

La Calisto

Francesco Cavalli
Giovanno Faustino

Neuinszenierung 2004/05

In italienischer Sprache mit deutschen Übertiteln

Musikalische Leitung: Ivor Bolton
Inszenierung: David Alden
Bühne: Paul Steinberg
Kostüme: Buki Shiff
Choreographische Mitarbeit: Beate Vollack
Licht: Peter Collins

Véronique Gens, Monica Bacelli, Sally Matthews;
Dominique Visse, Umberto Chiummo, Martin Gantner,
Lawrence Zazzo, Guy de Mey, Kobie van Rensburg,
Clive Bayley

Freitag, 22. Juli 2005, 18.30 Uhr
Dienstag, 26. Juli 2005, 18.30 Uhr

Nationaltheater

*Einführung vor den Vorstellungen am 22. und 26. Juli, 17.30 Uhr,
im Capriccio-Saal*

Die Entführung aus dem Serail

Wolfgang Amadeus Mozart
Johann Gottlieb Stephanie d.J.

Musikalische Leitung: Harry Bicket
Inszenierung: Martin Duncan
Regiemitarbeit und Ausstattung: Ultz
Choreographie: Jonathan Lunn
Licht: Stan Pressner
Chöre: Andrés Máspero

Diana Damrau, Natalie Karl, Fatma Genç;
Christoph Strehl, Kevin Conners, Kurt Rydl, Bernd Schmidt

Samstag, 16. Juli 2005, 19.30 Uhr
Dienstag, 19. Juli 2005, 18.00 Uhr

Nationaltheater

Falstaff

Giuseppe Verdi
Arrigo Boito

In italienischer Sprache mit deutschen Übertiteln

Musikalische Leitung: Zubin Mehta
Inszenierung: Eike Gramss
Bühne und Kostüme: Gottfried Pilz
Licht: Manfred Voss
Chöre: Andrés Máspero

Anja Harteros, Chen Reiss, Marjana Lipovsek,
Ann-Katrin Naidu; Ambrogio Maestri, Simon Keenlyside,
Rainer Trost, Ulrich Reß, Anthony Mee, Anatoli Kotscherga

Mittwoch, 29. Juni 2005, 19.00 Uhr
Sonntag, 3. Juli 2005, 18.00 Uhr

Nationaltheater

Faust

Charles Gonoud
Jules Barbier und Michel Carré

In französischer Sprache mit deutschen Übertiteln

Musikalische Leitung: Friedrich Haider
Inszenierung: David Pountney
Bühne: Stefanos Lazaridis
Kostüme: Marie-Jeanne Lecca
Puppengestaltung: Marie-Jeanne Lecca, Stefan Fichert
Choreographie: Vivienne Newport
Licht: Davy Cunningham
Chöre: Andrés Máspero

Ainhoa Arteta, Daniela Sindram, Anne Pellekoorne;
Rolando Villazón, Paata Burchuladze, Martin Gantner,
Gerhard Auer

Mittwoch, 27. Juli 2005, 19.00 Uhr
Samstag, 30. Juli 2005, 19.00 Uhr

Nationaltheater

Lulu

Alban Berg

Alban Berg nach Frank Wedekind
Orchestrierung des dritten Aktes vervollständigt
von Friedrich Cerha

Musikalische Leitung: Michael Boder
Inszenierung: David Alden
Bühne: Giles Cadle
Kostüme: Brigitte Reiffenstuel
Choreographische Mitarbeit: Beate Vollack
Licht: Pat Collins

Margarita De Arellano, Katarina Karnéus, Ulrike Helzel,
Norma Raccichini, Jennifer Trost, Heike Grötzinger;
Will Hartmann, Alfred Kuhn, Tom Fox, John Daszak,
Franz Mazura, Jacek Strauch, Kenneth Roberson,
Thorsten Stepath, Nikolay Borchev, Rüdiger Trebes

Freitag, 29. Juli 2005, 18.30 Uhr

Nationaltheater

*Einführung vor der Vorstellung am 29. Juli, 17.30 Uhr,
im Capriccio-Saal*

Die Meistersinger von Nürnberg

Richard Wagner

Musikalische Leitung: Peter Schneider
Inszenierung: Thomas Langhoff
Bühne und Kostüme: Gottfried Pilz
Choreographische Mitarbeit: Marco Santi
Licht: Manfred Voss
Produktionsdramaturgie: Eva Walch
Chöre: Andrés Máspero

Adrianne Pieczonka, Heike Grötzinger; Jan-Hendrik Rootering, Hans-Peter König, Kenneth Roberson, Christian Rieger, Eike Wilm Schulte, Tom Fox, Ulrich Reß, Hermann Sapell, Francesco Petrozzi, Rüdiger Trebes, Alfred Kuhn, Gerhard Auer, Stig Andersen, Kevin Conners

Sonntag, 31. Juli 2005, 16.00 Uhr

Nationaltheater

Global network of innovation
SIEMENS

Orphée et Eurydice

Chistoph Willibald Gluck
Pierre-Louis Moline nach Raniero de' Calzabigi
in der Fassung von Hector Berlioz (1859)

In französischer Sprache mit deutschen Übertiteln

Musikalische Leitung: Harry Bicket
Inszenierung: Nigel Lowery und Amir Hosseinpour
Bühne und Kostüme: Nigel Lowery
Choreographie: Amir Hosseinpour
Licht: Pat Collins
Chöre: Andrés Máspero

Anna Bonitatibus, Susan Gritton, Deborah York

Donnerstag, 28. Juli 2005, 20.00 Uhr

Nationaltheater

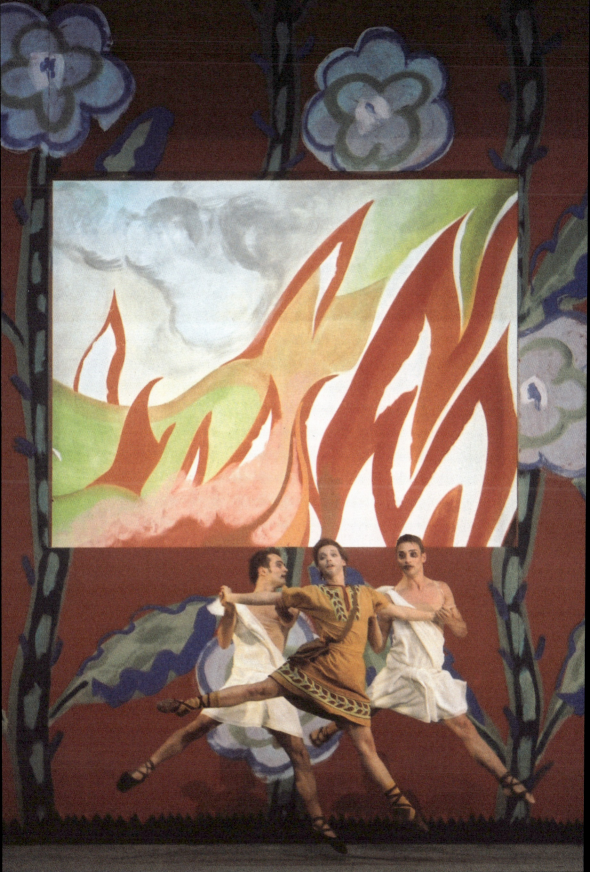

Otello

Giuseppe Verdi
Arrigo Boito

In italienischer Sprache mit deutschen Übertiteln

Musikalische Leitung: Zubin Mehta
Inszenierung: Francesca Zambello
Bühne und Kostüme: Alison Chitty
Choreographie: Alphonse Poulin
Licht: Mimi Jordan Sherin
Chöre: Andrés Máspero

Barbara Frittoli, Hannah Esther Minutillo;
José Cura, Sergei Leiferkus, Raymond Very, Kevin Conners,
Maurizio Muraro, Steven Humes, Matthias Wippich

Samstag, 2. Juli 2005, 19.00 Uhr
Dienstag, 5. Juli 2005, 19.00 Uhr

Nationaltheater

Pique Dame

Peter I. Tschaikowsky
Modest Tschaikowsky nach der Erzählung
von Alexander Puschkin

In russischer Sprache mit deutschen Übertiteln

Musikalische Leitung: Jun Märkl
Inszenierung: David Alden
Bühne: Paul Steinberg
Kostüme: Constance Hoffman
Choreographische Mitarbeit: Michael Keegan-Dolan
Licht: Adam Silverman
Chöre: Andrés Máspero

Josephine Barstow, Adriane Pieczonka,
Anna Kiknadze, Heike Grötzinger, Barbara Heising;
Vladimir Kuzmenko, Sergei Leiferkus, Martin Gantner,
Kevin Conners, Rüdiger Trebes, Francesco Petrozzi,
Steven Humes, Hermann Sapell

Dienstag, 12. Juli 2005, 19.00 Uhr
Freitag, 15. Juli 2005, 19.00 Uhr

Nationaltheater

Einführung vor den Vorstellungen am 12. und 15. Juli 2005,
18.00 Uhr im Capriccio-Saal.

Rigoletto

Giuseppe Verdi
Francesco Maria Piave

Neuinszenierung 2004/2005

In italienischer Sprache mit deutschen Übertiteln

Musikalische Leitung: Zubin Mehta
Inszenierung: Doris Dörrie
Bühne und Kostüme: Bernd Lepel
Choreographie und Bewegungsregie: Beate Vollack
Licht: Michael Bauer
Projektionen: Tobias Heilmann
Chöre: Andrés Máspero

Diana Damrau, Elena Maximova, Hannah Esther Minutillo,
Barbara Heising; Joseph Calleja, Paolo Gavanelli,
Anatoli Kotscherga, Mikhail Petrenko, Christian Rieger,
Kenneth Roberson, Steven Humes, Rüdiger Trebes

Mittwoch, 6. Juli 2005, 19.00 Uhr
Samstag, 9. Juli 2005, 19.00 Uhr

Nationaltheater

sponsored by O₂

Roberto Devereux

Gaetano Donizetti
Salvatore Cammarano

In italienischer Sprache mit deutschen Übertiteln

Musikalische Leitung: Friedrich Haider
Inszenierung: Christof Loy
Bühne und Kostüme: Herbert Murauer
Licht: Reinhard Traub
Produktionsdramaturgie: Peter Heilker
Chöre: Andrés Máspero

Edita Gruberova, Jeanne Piland; Albert Schagidullin, Zoran Todorović, Manolito Mario Franz, Steven Humes, Nikolay Borchev

Montag, 4. Juli 2005, 19.00 Uhr
Freitag, 8. Juli 2005, 19.00 Uhr

Nationaltheater

Einführung vor den Vorstellungen am 4. und 8. Juli 2005, 18.00 Uhr im Capriccio-Saal.

Roméo et Juliette

Charles Gounod
Jules Barbier und Michel Carré

In französischer Sprache mit deutschen Übertiteln

Musikalische Leitung: Frédérick Chaslin
Inszenierung: Andreas Homoki
Bühne und Kostüme: Gideon Davey
Licht: Franck Evin
Chöre: Andrés Máspero

Angela-Maria Blasi, Anna Bonitatibus, Heike Grötzinger;
Marcelo Alvarez, Francesco Petrozzi, Martin Gantner,
Christian Rieger, Nikolay Borchev, Sorin Coliban,
Maurizio Muraro, Steven Humes

Donnerstag, 21. Juli 2005, 19.00 Uhr
Sonntag, 24. Juli 2005, 19.00 Uhr

Nationaltheater

Saul

Georg Friedrich Händel
Charles Jennens

In englischer Sprache mit deutschen Übertiteln

Musikalische Leitung: Ivor Bolton
Inszenierung: Christof Loy
Bühne und Kostüme: Herbert Murauer
Licht: Reinhard Traub
Choreographische Mitarbeit: Jacqueline Davenport
Produktionsdramaturgie: Peter Heilker
Chöre: Andrés Máspero

Rebecca Evans, Sarah Fox; Jonathan Lemalu,
John Mark Ainsley, Brian Asawa, Kevin Conners,
Robert Tear, Steven Humes, Ingolf Kumbrink,
Rüdiger Trebes, Francesco Petrozzi, Thomas Diestler

Donnerstag, 14. Juli 2005, 19.00 Uhr
Monta, 18. Juli 2005, 19.00 Uhr

Nationaltheater

*Einführung vor den Vorstellungen am 14. und 18. Juli, 18.00 Uhr,
im Capriccio-Saal*

Die Zauberflöte

Wolfgang Amadeus Mozart
Emanuel Schikaneder

Neueinstudierung 2004/2005

Musikalische Leitung: Ivor Bolton
Inszenierung: August Everding
Neueinstudierung: Helmut Lehberger
Bühne und Kostüme: Jürgen Rose
Choreographische Mitarbeit: Beate Vollack
Licht: Michael Bauer
Chöre: Andrés Máspero

Diana Damrau, Juliane Banse, Aga Mikolaj,
Daniela Sindram, Vanessa Barkowski, Chen Reiss; Kurt Moll,
Rainer Trost, Steven Humes, Solisten des Tölzer Knabenchores,
Hanno Müller-Brachmann, Ulrich Reß, Kenneth Roberson,
Matthias Wippich, Alfred Kuhn, Gerhard Auer, Rüdiger Trebes,
Peter Wagner, Walter von Hauff, Abbas Maghfurian,
Steven Humes

Samstag, 23. Juli 2005, 19.00 Uhr
Montag, 25. Juli 2005, 19.00 Uhr

Nationaltheater

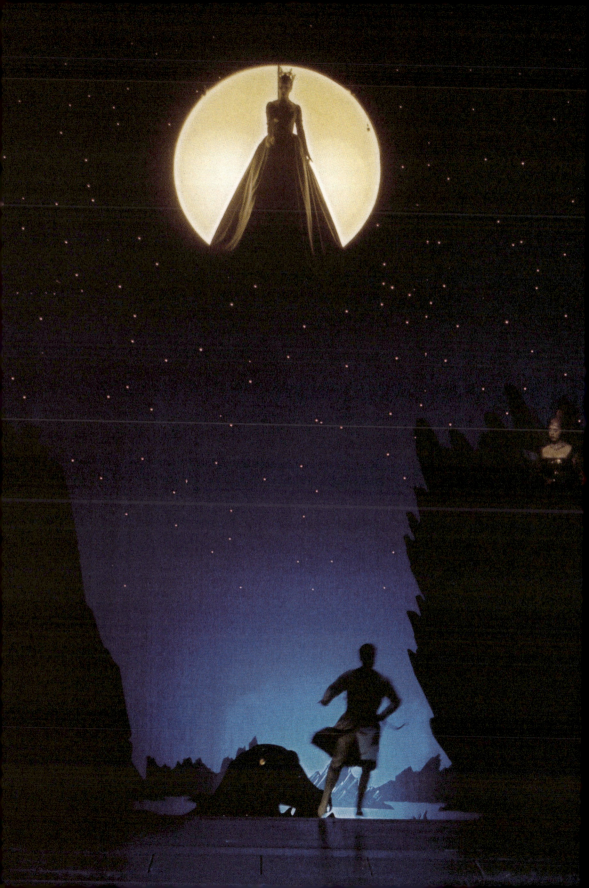

Ballett

Bella Figura/Agon/So nah so fern

Bella Figura
Musik von Lukas Foss, Giovanni Battista Pergolesi, Antonio Vivaldi, Giuseppe Torelli
Choreographie, Bühne und Licht: Jiří Kylián
Kostüme: Joke Visser

Agon
Musik von Igor Strawinsky
Choreographie und Kostüme: George Balanchine
Einstudierung: Patricia Neary

So nah so fern
Ballett von Itzik Galili
Musik von Percossa
Choreographie, Licht: Itzik Galili
Kostüme: Natasja Lansen
Bühne: Janco van Barneveld

Solisten und Ensemble des Bayerischen Staatsballetts

Das Bayerische Staatsorchester

Musikalische Leitung: Myron Romanul

Donnerstag, 30. Juni 2005, 19.30 Uhr

Nationaltheater

La Bayadère

Ballett von Marius Petipa
Neufassung von Patrice Bart
Musik von Ludwig Minkus

Choreographie: Patrice Bart nach Marius Petipa
Bühne und Kostüme: Tomio Mohri
Licht: Maurizio Montobbio
Musikalische Einrichtung: Maria Babanina

Lisa-Maree Cullum, Natalja Kalinitchenko, Roman Lazik,
Solisten und Ensemble des Bayerischen Staatsballetts

Das Bayerische Staatsorchester

Musikalische Leitung: Myron Romanul

Mittwoch, 13. Juli 2005, 19.30 Uhr

Nationaltheater

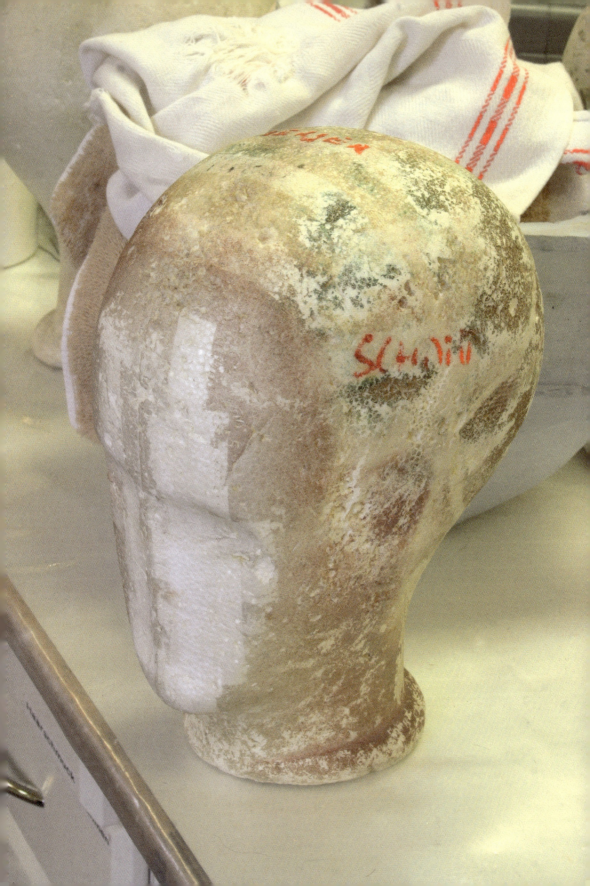

Oper für alle
Konzerte
und Liederabende

Oper für alle

Rigoletto

Giuseppe Verdi

Musikalische Leitung: Zubin Mehta

Audiovisuelle Live-Übertragung aus dem Nationaltheater
auf den Max-Joseph-Platz

Samstag, 9. Juli 2005, 19.00 Uhr

Max-Joseph-Platz

Eintritt frei; keine Eintrittskarte erforderlich

Oper für alle
dank der BMW
Niederlassung München

Oper für alle

Festspielkonzert

Musikalische Leitung: Zubin Mehta
Solist: Markus Wolf, Violine

Das Bayerische Staatsorchester

Richard Strauss:
Don Juan, op. 20
Till Eulenspiegel, op. 28
Ein Heldenleben, op. 40

Sonntag, 10. Juli 2005, 21.00 Uhr

Marstallplatz

Eintritt frei; keine Eintrittskarte erforderlich

Oper für alle
dank der BMW
*   Niederlassung München*

**Festspiel-Kammerkonzert
des Bayerischen Staatsorchesters**

Johannes Brahms: Streichsextett B-Dur, op.18

Felix Mendelssohn Bartholdy: Oktett Es-Dur, op.20

Leopolder-Quartett: Wolfgang Leopolder, Adrian Lazar (Violine);
Johannes Zahlten (Viola); Friedrich Kleinknecht (Violoncello);
Michael Arlt, Markus Kern (Violine); Ruth Elena Schindel (Viola);
Rupert Buchner (Violoncello)

*Freitag, 22. Juli 2005, 20.00 Uhr
Sonntag, 24. Juli 2005, 11.00 Uhr*

Allerheiligen Hofkirche

Festspiel-Kammerkonzert
Luciano Berio: Gesänge seiner Welt

Luciano Berio: Laudario di Cortona, Combattimento di Tancredi et Clorinda, Chamber Music, Musica leggera, Folksongs

Luigi Dallapiccola: Divertimento in quattro esercizi

Massimiliano Murrali (Musikalische Leitung); Monica Bacelli (Sopran); Katharina Kutnewski (Flöte); Heike Steinbrecher (Oboe); Markus Schön (Klarinette); Stephan Finkentey (Viola); Anja Fabricius (Violoncello)

Donnerstag, 28. Juli 2005, 20.00 Uhr

Allerheiligen Hofkirche

Liederabend Diana Damrau
Stefan Matthias Lademann, Klavier

Alban Berg: Sieben frühe Lieder

Alexander Zemlinsky: Walzer-Gesänge
nach toskanischen Volksliedern, op. 6

Gustav Mahler: Das himmlische Leben
aus *Des Knaben Wunderhorn*

Sonntag, 3. Juli 2005, 20.00 Uhr

Prinzregententheater

Liederabend Ian Bostridge
Julius Drake, Klavier

Franz Schubert: Aus Heliopolis I&II, Abendbilder,
Ins stille Land, Totengräbers Heimweh, Auf dem Wasser
zu singen, Auf der Bruck, Der liebliche Stern, Tiefes Leid,
Im Frühling, Auf der Riesenkoppe, Sei mir gegrüßt,
Des Fischers Liebesglück, Wie Ulfru fischt, Nachtviolen,
Atys, Geheimnis, Im Walde, Der Schmetterling

Sonntag, 10. Juli 2005, 20.00 Uhr

Prinzregententheater

Liederabend Magdalena Kožená

Werke von Benjamin Britten, Vitezslav Augustin Rudolf Novák, Ján Jozef Rösler, Erwin Schulhoff, Dmitri Schostakowitsch, Richard Strauss

Malcolm Martineau, Klavier

Donnerstag, 14. Juli 2005, 20.00 Uhr

Prinzregententheater

Liederabend Kurt Moll
Stefan Irmer, Klavier

Werke deutscher Romantiker

Dienstag, 19. Juli 2005, 20.00 Uhr

Prinzregententheater

Henri Duparc, Gabriel Fauré, George Gershwin, Reynaldo Hahn, Joseph Haydn, Wolfgang Amadeus Mozart, Francis Poulenc, Albert Roussel, Robert Schumann, Oscar Straus, William Walton, Kurt Weill, Hugo Wolf u.a.

Samstag, 23. Juli 2005, 20.00 Uhr

Prinzregententheater

zu den Münchner Opern-Festspielen 2005

Jan Philipp Reemtsma

„Die Welt als Irrtum"

Montag, 27. Juni 2005, 18.00 Uhr

Gartensaal des Prinzregententheaters

Eröffnungsfest

HVB Festspiel-Nacht mit der Bayerischen Staatsoper

Mitwirkende der Opern-Festspiele 2005, Festspiel+
und weitere Künstler
Durch die Nacht führt Roger Willemsen.

Samstag, 25. Juni 2005, ab 20.00 Uhr, Ende offen
Eintritt frei, keine Eintrittskarte erforderlich

Fünf Höfe, HypoVereinsbank, Filiale Altstadt, Theatinerstraße

HypoVereinsbank

OperMachtTheaterBilder
Die neue Wirklichkeit des Regietheaters

Symposium des Instituts für Theaterwissenschaft
der Ludwig-Maximilians-Universität München und
der Bayerischen Staatsoper

Leitung: Prof. Dr. Jürgen Schläder

Freitag, 15. Juli 2005, 10.00 bis 19.00 Uhr
Samstag, 16. Juli 2005, 10.00 bis 19.00 Uhr

Max-Joseph-Saal der Residenz

Eintritt: pro Tag EUR 5, beide Tage EUR 8
Studenten frei

Erster Tag:
Popart und Postmoderne: Szenisches Erzählen
im zeitgenössischen Musiktheater

10.00 Uhr Eröffnung
10.15 Uhr Corinna Herr (Bochum)
           Nur schöne bunte Bilderwelten?
           Postmoderne Erzählstrategien für das Dramma per musica
11.45 Uhr Barbara Zuber (München)
           Bildzauber – Zauberbilder: Raumästhetik und
           Inszenierung des Wunderbaren in Händels Oper „Alcina"
13.15 Uhr Mittagspause
14.00 Uhr Christopher Balme (Amsterdam)
           Libretto-Partitur-Bild: Zur Transformation des Textes
           in Operninszenierungen

15.30 Uhr Ivanka Stoianova (Paris)
Geschichte, musikalische Narrativität und Operninszenierung: Die Konfrontation mit der Andersheit in Wolfgang Rihms „Die Eroberung von Mexiko"
17.00 Uhr Kaffeepause
17.30 Uhr Robert Braunmüller (München)
*Lachen ist eine ernste Sache.
Über Leander Haußmanns „Fledermaus"*

Zweiter Tag:
Geschichte und Bildtext in der Mythen-Erzählung

10.00 Uhr Gerhard Neumann (München)
Oper als Text. Strauss/Hofmannsthals orientalisches Spiel „Die Frau ohne Schatten"
11.30 Uhr Franziska Weber (München)
Wi(e)der die Geschichte. Neue, raumzeitliche Modelle in den „Don Giovanni"-Inszenierungen von Hytner, Kušej und Konwitschny
13.00 Uhr Mittagspause
14.00 Uhr Monika Woitas (Bochum)
Urbilder. Choreographische Verfahren in David Aldens „Tannhäuser"-Inszenierung
15.30 Uhr Jürgen Schläder (München)
*Die Kontinuität fragmentarischer Bildwelten.
Postmoderne Verfahren im Stuttgarter „Ring" von 1999*
17.00 Uhr Kaffeepause
17.30 Uhr Wolfgang Willaschek (Aumühle)
„Against Interpretation" – zwischen Wohnzimmer, Schrotthalde und Niemandsland: David Aldens Münchner „Ring"

Mit Unterstützung durch die Freunde des Nationaltheaters e.V., die Münchner Universitätsgesellschaft und die BMW Group

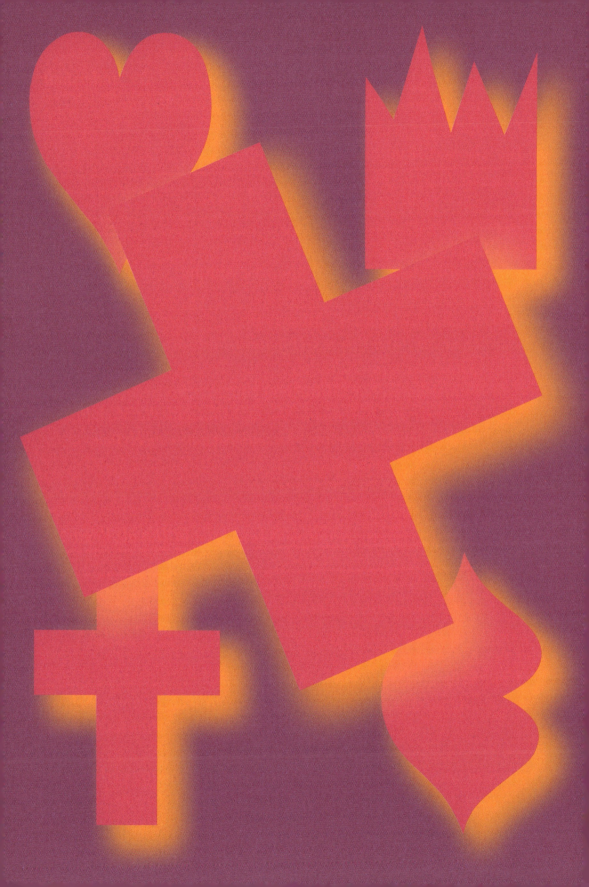

Festspiel+
Aus-Wege

Roland Berger
Strategy Consultants

Kooperationspartner von Festspiel+

„Guarda che bianca luna"

Verdi, Macht und Schicksal im Salon

mit Stanislava Stoytcheva, Barbara Heising, Francesco Petrozzi;
Jürgen Schläder und Jochen Wagner
Moderation: Peter Heilker

Donnerstag, 30. Juni 2005, 20.30 Uhr
Akademietheater im Prinzregententheater

Liederabend

„Gesänge der Frühe"

Christopher Robson (Countertenor)
und Petra Ronner (Klavier)

Kompositionen von Richard Löwenherz, Gaucelm Faidit,
Franz Schubert, Robert Schumann, Hugo Wolf, Dimitris Terzakis,
Olivier Messiaen

Freitag, 1. Juli 2005, 21.00 Uhr
Allerheiligen Hofkirche

Theater

„Kafkas Heidelbeeren"

Vokal- und Instrumentaltheater von Matthias Kaul
über Hören und Zuhören, von Stimmen und Leihstimmen,
um Haltungen und Standpunkte

Ute Wassermann, Beate von Hahn, Torsten Schütte (Stimmen)
Ensemble L'ART POUR L'ART: Astrid Schmeling (Flöte),
Michael Schröder (Gitarre), Matthias Kaul (Percussion)

Samstag, 2. Juli und Montag, 4. Juli 2005, 21.00 Uhr
Akademietheater im Prinzregententheater

Konzert

Ensemble Recherche Freiburg und das Experimentalstudio
der Heinrich Strobel Stiftung des SWR

Kent Olofsson: „Epitome A"
für Flöte, Oboe, Klarinette und Live-Elektronik
Lucia Ronchetti: „Il sonno di Atys"
für Viola und Live-Elektronik
Luigi Nono: „A Pierre"
für Flöte, Klarinette und Live-Elektronik
Pierre Boulez: „Dialogue de l'ombre Double"
für Klarinette und Live-Elektronik

Mittwoch, 6. Juli 2005, 21.00 Uhr
Marstall

Einführung in das Konzert am 6.7./ Diskussion

über die Arbeit des Experimentalstudios der Heinrich Strobel Stiftung
des SWR mit dessen Leiter André Richard

Dienstag, 5. Juli 2005, 21.00 Uhr
Marstall

In Zusammenarbeit mit *Unterwegs – Musik erfahren,*
eine Veranstaltungsreihe der BMW Group
Konzept und Realisation: Christian Mings

Konzert

Luigi Nono: „la lontananza nostaligiga utopica futura"
für Solo-Violine und 8 Spur Zuspielungen

Solistin: Muriel Cantorecci (Violine)

Freitag, 8. Juli 2005, 21.00 Uhr
Allerheiligen Hofkirche

In Zusammenarbeit mit *Unterwegs – Musik erfahren,*
eine Veranstaltungsreihe der BMW Group

Konzert und Klanginstallation

„oltre mare"

von Christian Mings und Helmut Dirnaichner

Konzert

Petra Hoffmann (Sopran) und Zuspielungen

Samstag, 9. Juli 2005, 21.00 Uhr
Allerheiligen Hofkirche

Klanginstallation

Sonntag, 10. Juli bis Dienstag, 12. Juli 2005
jeweils von 10.00 bis 18.00 Uhr
Allerheiligen Hofkirche
Eintritt frei

Konzert

mit dem X-semble München

Edgar Varèse: „Déserts" (2 Fassungen, 2. Fassung mit einem Video von Bill Viola), „Poème Electronique", „Density" für Flöte Solo

Mittwoch, 13. Juli 2005, 21.00 Uhr
Muffathalle

In Zusammenarbeit mit *Unterwegs – Musik erfahren*, eine Veranstaltungsreihe der BMW Group und mit freundlicher Unterstützung des Kulturreferats der Landeshauptstadt München

Konzert

Choir of Clare College, Cambridge

Chordirektor: Timothy Brown

Musikalische Leitung: Ivor Bolton

Das Programm stand bei Drucklegung noch nicht fest.

Samstag, 16. Juli 2005, 20.30 Uhr
Herz-Jesu-Kirche, Eingang Lachnerstraße
(U1 Rotkreuzplatz, Straßenbahn 12 Neuhausen)

Mit freundlicher Unterstützung der Erzdiözese München und Freising

Musik, Theater und bildende Kunst

„Giacomettis Kinder"

Hariolf Schlichtig (Viola) spielt Werke von György Kurtág
und Luciano Berio
„Giacometti - über die Einsamkeit der Dinge" ein 2 Mann-Theater
von Achim Freyer
Improvisationen: Paul Fuchs (Schlagwerkinstallation),
Hariolf Schlichtig (Viola) und Achim Freyer (Klavier)
Skulpturen von Paul Fuchs
Bilder von Achim Freyer

Montag, 18. Juli 2005, 20.00 Uhr
Allerheiligen Hofkirche

Nacht-Konzert

**„Martha Argerich meets Friedrich Gulda –
Hommage zum 75. Geburtstag von Friedrich Gulda"**

Martha Argerich,
Paul und Rico Gulda, Gabriela Montero (Klavier),
Gautier Capuçon (Violoncello)

*Dienstag, 19. Juli 2005, 21.30 Uhr
Nationaltheater*

In Zusammenarbeit mit LOFT music

Sprachoper

**„Dido & Aeneas – die Barockoper
von ihren Liebhabern entblößt"
nach Henry Purcell**

von und mit Andreas Ammer und Sebastian Hess

Barbara Heising, Christopher Robson,
Huutajat (Chor der schreienden Männer) u.a.

*Freitag, 22. Juli 2005, 21.00 Uhr
Prinzregententheater*

Kammerkonzert

Béla Bartók: Kontraste Sz 111 für Klarinette, Violine und Klavier
Claude Debussy: Sonate für Violoncello und Klavier
Olivier Messiaen: Quartour pour la fin du temps (Quartett auf das Ende der Zeit)

David Frühwirt (Violine), Claudio Bohorques (Violoncello), Alfredo Perl (Klavier), Jörg Widmann (Klarinette)

Samstag, 23. Juli 2005, 20.30 Uhr
Allerheiligen Hofkirche

Eine Veranstaltung von LOFT music in Zusammenarbeit mit Festspiel+

Film und Konzert

Film „Musica Cubana" und Konzert „The Sons of Cuba"

Film: Sonntag, 24. Juli 2005, 21.00 Uhr
Konzert: Sonntag, 24. Juli 2005, 22.30 Uhr
HVB Seebühne, BUGA Gelände
Eintritt frei, im Eintrittspreis BUGA enthalten

Mit freundlicher Unterstützung der HypoVereinsbank

Konzert

Akademie für Alte Musik Berlin

Kompositionen von Giovanni Platti (1697-1763),
Georg Reutter (1656-1738), Arcangelo Corelli (1653-1713) u.a.

Solisten: Xenia Löffler (Oboe), Sebastian Hess (Violoncello)
Konzertmeister: Georg Kallweit

Freitag, 29. Juli 2005 und Samstag, 30. Juli 2005
1. Konzert: 18.30 Uhr
2. Konzert: 21.00 Uhr
Alte Pinakothek

In Zusammenarbeit mit dem Bayerischen Rundfunk und
den Bayerischen Staatsgemäldesammlungen

Die Solisten
der Münchner
Opern-Festspiele
2005

John Mark Ainsley, Tenor
Oronte *Alcina*, Jonathan *Saul*
Geb. in Großbritannien. Studierte in Oxford. Im Zentrum seines Opernrepertoires stehen Mozart-Partien, mit denen er u.a. in Brüssel, London, San Francisco und Sydney aufgetreten ist. Partien an der Bayerischen Staatsoper: Idamante *Il ritorno d'Ulisse in patria*, Don Ottavio *Don Giovanni*, Titelpartie in *Orfeo*.

Frank van Aken, Tenor
Einsiedel *Simplicius Simplicissimus*
Geb. in den Niederlanden. Studierte in Utrecht, Den Haag und bei James McCray. 1995 debütierte er als Macduff in Enschede und als Cavaradossi in Rom. War Ensemblemitglied der Deutschen Oper am Rhein, wo er jetzt die Titelpartie in *Parsifal* singt, Gastrollen an der Komischen Oper Berlin, an der Nederlandse Reisopera und in Straßburg.

David Alden, Regisseur
La Calisto, La forza del destino, Lulu, Pique Dame
Geb. in den USA. Debüt an der Bayerischen Staatsoper: 1994 *Tannhäuser*. Außerdem Inszenierungen in: Amsterdam, London, New York, Tel Aviv, Wien, Berlin, Frankfurt. Verfilmung von Weills *Die sieben Todsünden*, Verdi-Dokumentation (BBC). Lawrence-Olivier-Preisträger, Bayerischer Theaterpreis 2001.

Marcelo Alvarez, Tenor
Roméo *Roméo et Juliette*
Geb. in Argentinien. Debüt an der Bayerischen Staatsoper: 2000 Titelpartie *Faust*. Außerdem Berlin, Brüssel, Genua, Florenz, London, Mailand, New York. Partien u.a. Fenton *Falstaff*, Alfredo *La Traviata*, Lord Arturo *I puritani*, Elvino *La sonnambula*, Herzog *Rigoletto*, Titelpartie *Werther*.

Andreas Ammer, Konzept, Text, Regie
Dido & Aeneas
Geb. in Deutschland. Studierte Germanistik, Philosophie und Geschichte der Naturwissenschaften und schloss mit Promotion ab. Angestellter und Lehrbeauftragter der Ludwigs-Maximilians-Universität München. Inzwischen freier Autor, Fernsehjournalist und Universitätsdozent. Erarbeitete zahlreiche Hörspiel- und Theaterproduktionen.

Stig Andersen, Tenor
Walther von Stolzing *Die Meistersinger von Nürnberg*
Geb. in Dänemark. Studierte in Aarhus und Kopenhagen. Ensemblemitglied der Königlichen Oper Kopenhagen. Außerdem New York, London, Helsinki u.a. Partien an der Bayerischen Staatsoper: *Tannhäuser*, Siegfried *Der Ring des Nibelungen*, Florestan *Fidelio*.

Margarita De Arellano, Sopran
Titelpartie *Lulu*
Geb. in den USA. Studium an der Juilliard School of Music. Gewinnerin mehrerer Wettbewerbe. Internationale Opern- und Konzertgastspiele, u.a. mit den Wiener Philharmonikern und den Berliner Philharmonikern. Partien an der Bayerischen Staatsoper: Musetta *La bohème*, Adele *Die Fledermaus*, Anne Trulove *The Rake's Progress*.

Martha Argerich, Pianistin
Nacht-Konzert
Geb. in Argentinien. Erstes öffentliches Konzert mit acht Jahren. Kam 1955 nach Europa, um ihre Musikausbildung zu vertiefen, unter anderem bei Friedrich Gulda. Seit ihrem triumphalen Sieg beim Chopin Wettbewerb in Warschau 1965 zählt sie zu den bedeutendsten Pianisten der Welt. Setzt sich aktiv für die Förderung von Nachwuchskünstlern ein.

Ainhoa Arteta, Sopran
Marguerite *Faust*
Geb. in Spanien. 1993 Gewinnerin des Internationalen Placido-Domingo-Wettbewerbs. 1994 Debüt an der New Yorker Metropolitan Opera als Mimì *La bohème*. Seither gastierte sie an den Opernhäusern von San Francisco, Madrid, London. Partien u.a. Liù *Turandot*, Donna Elvira *Don Giovanni*, Juliette *Roméo et Juliette*.

Brian Asawa, Countertenor
David *Saul*
Geb. in den USA. Debütierte an der New Yorker Metropolitan Opera in Brittens *The Death in Venice*. Europa-Debüt 1993 als Orfeo in Glucks *Orfeo ed Eurydice* an der Nederlandse Opera. Seither Auftritte an vielen europäischen Häusern. Partien u.a. Polinesso *Ariodante*, Ottone *Poppea*, Tolomeo *Giulio Cesare*, Farnace *Mitridate* und Nero *Agrippina*.

Gerhard Auer, Bass
Wagner *Faust*, Hans Folz *Die Meistersinger*, Dritter Priester *Die Zauberflöte*, Alkalde *La forza del destino*
Geb. in Deutschland. 1969 Mitglied im Opernstudio, 1971 Ensemblemitglied der Bayerischen Staatsoper. 1991 Ernennung zum Bayerischen Kammersänger. Partien u.a. Ferrando *Il trovatore*, Pietro *Simon Boccanegra*, Mönch *Don Carlo*, Antonio *Le nozze di Figaro*.

Maria Babanina, Korrepetitorin, Solopianistin
Musikalische Einrichtung *La Bayadère*
Geb. in Russland. Studierte Klavier, Musikgeschichte und Musikwissenschaft am Konservatorium in St. Petersburg, profunde Kennerin der gesamten klassischen Ballettliteratur, Solopianistin für *In the Night* von Jerome Robbins, *Lieder ohne Worte* Mendelssohn Bartholdy/Van Manen, *Trois Gnossiennes*.

Monica Bacelli, Mezzosopran
Diana *La Calisto*, Festspielkammerkonzert
Geb. in Italien. Sang in Mailand, Zürich, Wien, London und Brüssel. Partien: Rosina *Il barbiere di Siviglia*, Despina und Dorabella *Così fan tutte*, Cherubino *Le nozze di Figaro*, Idamante *Idomeneo* und Angelina *La Cenerentola*. Partien an der Bayerischen Staatsoper: Ottavia *Poppea*, Cherubino *Le nozze di Figaro*.

Juliane Banse, Sopran
Pamina *Die Zauberflöte*
Geb. in Deutschland. Ballettausbildung am Opernhaus Zürich, dann Gesangsstudium in München. Engagements u.a. in Berlin, Brüssel, Salzburg, Glyndebourne, Wien. Konzerte mit den Wiener und Berliner Philharmonikern. Partien an der Bayerischen Staatsoper: Galatea *Acis und Galatea*, Füchsin Schlaukopf *Das schlaue Füchslein*.

Vanessa Barkowski, Sopran
Dritte Dame *Die Zauberflöte*
Geb. in Deutschland. Studium in Hamburg und Berlin. Engagements führten sie mit Partien wie Hänsel, Dryade *Ariadne auf Naxos* und Zofe *Der Zwerg* an die Opernhäuser von Frankfurt, Hamburg, Mainz und Berlin sowie zu den Schwetzinger Festspielen.

Josephine Barstow, Mezzosopran
Die Gräfin *Pique Dame*
Geb. in Großbrtiannien. Sang an allen großen Opernhäusern und Festivals der Welt, u.a. Opéra Bastille, der New Yorker Metropolitan Opera, bei den Festspielen von Glyndebourne und Salzburg. Partien: Amelia *Un ballo in maschera*, Tosca, Ellen Orford *Peter Grimes*. Partien an der Bayerischen Staatsoper u.a. Lady Macbeth *Macbeth*, Titelpartie *Salome*.

Patrice Bart, Choreograph
La Bayadère
Geb. in Frankreich. Karriere als Solist, dann Ballettmeister und Direktionsmitglied des Balletts der Pariser Oper. Weltweit als Choreograph für Neuinszenierungen der großen Klassiker tätig, u.a. *Schwanensee*, *Giselle*, *Don Quijote* in Berlin und *Coppelia* an der Opéra Bastille; schuf 1998 in München als Deutsche Erstaufführung die *Bayadère*.

Michael Bauer, Lichtdesigner
Rigoletto, Die Zauberflöte
Geb. in Deutschland. Seit 1980 an der Bayerischen Staatsoper, seit 1997 Leiter des Beleuchtungswesens. Seit 1987 eigene Arbeiten auch an anderen deutschen Theatern. 1993 Lehrauftrag an der Münchner Musikhochschule. Lichtgestaltung an der Bayerischen Staatsoper u.a.: *Tristan und Isolde*, *Der Freischütz*, *Lohengrin*, *Don Carlo*.

Clive Bayley, Bass
Silvano *La Calisto*
Geb. in Großbritannien. Engagements u.a. in Leeds, Seattle, Lissabon, London. Partien: Hans Schwarz *Die Meistersinger von Nürnberg*, Colline *La bohème* und Arkel *Pelléas et Mélisande*, an der Bayerischen Staatsoper: Antinoo/Tempo *Il ritorno d'Ulisse in patria*, Achilla *Giulio Cesare in Egitto*, Titurel *Parsifal*, Arkel *Pelléas et Mélisande*.

Helmut Berger-Tuna, Bass
Bauer *Simplicius Simplicissimus*
Geb. in Österreich. Seit 1977 Ensemblemitglied der Staatsoper Stuttgart, sang u.a. Osmin, Leporello, Sarastro, König Heinrich, Landgraf, Baron Ochs, Basilio und Pogner. Seit 1985 Kammersänger. Engagements in Mailand, Paris, London, Berlin, Hamburg, Dresden, München und Wien sowie in Los Angeles, Tokio und bei den Salzburger Festspielen.

Harry Bicket, Dirigent
Entführung aus dem Serail, *Orphée et Eurydice*
Geb. in Großbritannien. Studium in London und Oxford. 1996 Debüt beim Glyndebourne Festival mit Peter Sellars Theodora-Produktion. Dirigate an Opernhäusern weltweit, an der Bayerischen Staatsoper u.a. *Rinaldo*, *Xerxes*, *Giulio Cesare in Egitto*, *Il barbiere di Siviglia* und *Die Zauberflöte*.

Lynton Black, Bass
Mr Flint *Billy Budd*
Geb. in Großbritannien. Studium in London. Erste Engagements an der English Touring Opera, dem English Bach Festival und den Festspielen von Aix-en-Provence, seit 1994 Ensemble-Mitglied der D'Oyly Carte Opera. Partien an der Bayerischen Staatsoper: Truelove *The Rake's Progress*.

Angela-Maria Blasi, Sopran
Juliette *Roméo et Juliette*
Geb. in den USA. 1985 bis 1988 Ensemblemitglied der Bayerischen Staatsoper. Außerdem Engagements in Salzburg, Hamburg, Berlin, Zürich, London, Mailand und Washington. Seit 1994 Bayerische Kammersängerin. Partien u.a. Susanna *Le nozze di Figaro*, Zerlina *Don Giovanni*, Pamina *Die Zauberflöte*, Mimi *La bohème*.

Michael Boder, Dirigent
Lulu
1989 bis 1993 Chefdirigent der Oper Basel. Opern-, Konzertdirigate u.a. in Leipzig, Hamburg, Köln, Berlin, London, San Francisco, Wien und Dresden mit den Schwerpunkten Wagner, Strauss und zeitgenössischer Musik. Dirigate an der Bayerischen Staatsoper: *Ubu Rex*, *Was ihr wollt*, *Das Schloss*, *Lulu*.

Claudio Bohorques, Cellist
Kammerkonzert Festspiel+
Gilt bei Dirigenten, Publikum und Kritikern als eine der aufregendsten Musikerpersönlichkeiten seiner Generation. Er tritt als Solist mit vielen international bedeutenden Orchester sowie mit renommierten Kammermusikpartnern in Erscheinung. Darüber hinaus widmet er sich Installations-, Improvisations- und Meditationsprojekten.

Ivor Bolton, Dirigent
Alcina, *La Calisto*, *Saul*, *Die Zauberflöte*
Geb. in Großbritannien. Studium in Cambridge und London. 1994 Debüt an der Bayerischen Staatsoper. Gastdirigent u.a. in Buenos Aires, Bologna, Florenz, Paris und Brüssel sowie bei den Festspielen in Glyndebourne und Salzburg. Bayerischer Theaterpreis 1998. Seit 2004 Chefdirigent des Mozarteum Orchesters Salzburg.

Anna Bonitatibus, Mezzosopran
Stéphano *Roméo et Juliette*,
Orphée *Orphée et Eurydice*
Geb. in Italien. Studierte Gesang und Klavier in Potenza und Genua. Preisträgerin verschiedener Wettbewerbe. Engagements u.a. in Mailand, Lyon, Bilbao, Straßburg, Paris und Las Palmas. Partien an der Bayerischen Staatsoper: Minerva *Il ritorno d'Ulisse in patria*, Angelina *La Cenerentola*.

Der CD-Führer zur Festspielsaison 2005

Im Heft erfahren Sie mehr über aktuelle Aufnahmen mit
- Anna Netrebko
- Magdalena Kožená
- Juan Diego Flórez
- Cecilia Bartoli
- Luciano Pavarotti

sowie über die neuen DVDs des Unitel-Katalogs

Nur für kurze Zeit erhältlich:
Die CD zum Heft mit Höhepunkten der aktuellen Veröffentlichungen.
Zum einmaligen Kennlern-Preis!

Mozart • Schubert • Brahms u.a.
An die Musik Anthologie mit Liedern, Zyklen und Arien
Deutsche Grammophon 2 CDs + DVD 477 555 6
Fischer-Dieskau
Dirigenten: **Fricsay • Jochum** u.a.

Christoph Willibald Gluck
Paride ed Elena
Archiv Produktion 2 CDs 477 541 5

Kožená • Gritton • Sampson u.a. • Gabrieli Consort & Players • Dirigent: **Paul McCreesh**

Carl Maria von Weber
Der Freischütz
Deutsche Grammophon 2 CDs 477 561 1

Streich • Waechter u.a.
Chor und Orchester des Bayerischen Rundfunks
Dirigent: **Eugen Jochum**

Verdi • Rossini • Gluck u.a.
Great Tenor Arias
Decca CD 475 550 2 SACD 475 618 7

Juan Diego Flórez, Tenor • Orchestra Sinfonica e Coro di Milano Giuseppe Verdi
Dirigent: **Carlo Rizzi**

Sie erhalten **kostenlos** die aktuelle Ausgabe des **KlassikAkzente-Opernspezial** bei ihrem Klassikhändler oder direkt bei:

Universal Classics & Jazz • Stichwort: Oper
Stralauer Allee 1 • 10245 Berlin
info@klassikakzente.de (Betreff: Oper) • Fax: 030/52007–2244

www.klassikakzente.de

Nikolay Borchev, Bariton
Journalist *Lulu*, Paggio, Famigliare *Roberto Devereux*, Grégorio *Roméo et Juliette*, Donald *Billy Budd*
Geb. in Weißrussland. Gesangsausbildung in Moskau, ab 2000 an der Hochschule für Musik, Berlin. Zahlreiche Konzerte u.a. in Russland, Lettland, Deutschland, Frankreich und Luxemburg. Seit 2004 Mitglied des Ensembles der Bayerischen Staatsoper.

Ian Bostridge, Tenor
Liederabend
Geb. in Großbritannien. Debüt an der Bayerischen Staatsoper 1998 als Nerone in *L'incoronazione di Poppea*. Weltweit Liederabende und Opernengagements mit Partien wie Quint *The Turn of the Screw*, Vasek *Die verkaufte Braut*, Tamino *Die Zauberflöte*, Lysander *A Midsummer Night's Dream*, Male Chorus *The Rape of Lucretia*.

Alen Bottaini, Erster Solotänzer
La Bayadère, Bella Figura/Agon/So nah so fern
Geb. in Italien. Internationale Auszeichnungen und Gastauftritte weltweit. Abderakhman in *Raymonda*; außerdem Puck in *Ein Sommernachtstraum*, Prinz in *Dornröschen*, Armand in *Die Kameliendame*, Romeo, Mercutio und moderne Partien in Werken von Robbins, Ek, Neumeier, van Manen, Forsythe u.a.

Christoph Brech, Videokünstler
Installation WAY OUT
Geb. in Deutschland. Studium der Freien Malerei und Graphik an der Akademie der Bildenden Künste in München, Schwerpunkt Video. 1998 bis 2000 dort Assistent, 2003 bis 2004 Stipendium in Kanada, Lehrtätigkeit an der Université du Quebec. Internationale Preise sowie Filmfestbeteiligungen und Ausstellungen in Europa, Kanada und den USA.

Paata Burchuladze, Bass
Méphistophélès *Faust*
Geb. in Georgien. Debüt an der Bayerischen Staatsoper 1985 als Ramfis in *Aida*. Außerdem Bordeaux, Boston, Hamburg, Lissabon, London, New York, Mailand, Rom, Paris, Stuttgart, Tel Aviv, Tokio, Wien mit Partien wie Basilio *Il barbiere di Siviglia*, Gremin *Eugen Onegin*, Titelpartie *Boris Godunow*, Großinquisitor *Don Carlo*, Banco *Macbeth*.

Joseph Calleja, Tenor
Il Duca di Mantova *Rigoletto*
Geb. auf Malta. 1997 Debüt als Macduff *Macbeth* auf Malta. Partien u.a. Leicester *Maria Stuarda*, Don José *Carmen*. Engagements u. a. bei den Salzburger Festspielen und an den Opernhäusern von Brüssel, Liège, Dresden und Bologna. Debüt an der Bayerischen Staatsoper 2002 mit Rodolfo *La bohème*.

Veronica Cangemi, Sopran
Morgana *Alcina*
Geb. in Argentinien. Debüt an der Bayerischen Staatsoper bei den Festspielen 2000 als Dalinda in *Ariodante*. Engagements u. a. in Buenos Aires, Lyon, Glyndebourne mit Partien wie Zerlina *Don Giovanni*, Pamina *Die Zauberflöte*, Susanna *Le nozze di Figaro*, Micaëla *Carmen*, Poppea *L'incoronazione di Poppea*, Atalanta *Xerxes*.

Muriel Cantoreggi, Violinistin
Konzert Luigi Nono
Geb. in Frankreich. Studium am Conservatoire National Supérieur de Musique in Paris. Konzertmeisterin des Münchener Kammerorchesters.

Gautier Capuçon, Pianist
Nacht-Konzert
Geb. in Frankreich. 2001 bei den „Victoires de la musique" als „Junges Talent des Jahres" ausgezeichnet. Spielt als Solist mit renommierten Orchestern und ist Gast zahlreicher internationaler Festivals. Als Kammermusiker ist er auch immer wieder mit Partnern wie Martha Argerich, Daniel Barenboim, Hélène Grimaud u.v.a. zu hören.

OTHELLO

HEMMERLE

80539 München, Maximilianstrasse 14,
Tel. +49-89-24 22 60-0, Fax +49-89-24 22 60-40

Sherelle Charge, Erste Solotänzerin
La Bayadère, Bella Figura/Agon/So nah so fern
Geb. in Australien. Seit 1993 in München, tanzt zahlreiche Solopartien mit Schwerpunkt in der Moderne: Gamzatti *La Bayadère*, Weiße Dame *Raymonda*, Gute Fee *Dornröschen*, Prudence *Die Kameliendame*, außerdem Werke von Balanchine, Robbins, Ek, Teshigawara, Kylián, Neumeier.

Frédéric Chaslin, Dirigent
Roméo et Juliette
Geb. in Frankreich. Studierte Klavier und Dirigieren. Dirigate u.a. in Wien, Venedig, Paris, Rom, Tel Aviv, Madrid, Leipzig, Berlin, Hamburg, Festspiele von Edinburgh. 1999 Chefdirigent des Jerusalem Symphony Orchestra, 2002 Debüt an der New Yorker Metropolitan Opera. Dirigate an der Bayerischen Staatsoper: *La traviata, Roméo et Juliette*.

Alison Chitty, Bühnenbildnerin
Otello
Studium in London. Zahlreiche Film- und Opernproduktionen, u.a. am Londoner Royal Opera House Covent Garden und der English National Opera. Außerdem Arbeiten in Dallas, Kopenhagen, Seattle, Bordeaux und an der Opéra Bastille in Paris. Ausstattungsdebüt an der Bayerischen Staatsoper 1999 mit der Neuinszenierung von *Otello*.

Umberto Chiummo, Bass
Giove *La Calisto*
Geb. in Italien. Debüt an der Bayerischen Staatsoper 1996 als Ariodate in *Xerxes*. Außerdem Bologna, Ferrara, Florenz, Glyndebourne Festival, Mailand, Parma, Washington mit Partien wie Enrico VIII *Anna Bolena*, Alidoro *La Cenerentola*, Garibaldo *Rodelinda*, Titelpartien *Don Pasquale, Le nozze di Figaro, Don Giovanni*.

Clare College Choir, Cambridge
Chorkonzert
Neben der musikalischen Begleitung von Gottesdiensten zahlreiche Konzerte, zum Beispiel im BBC Radio3. Dabei kamen Werke wie z.B. *Dido and Aeneas*, *Venus and Adonis*, Messia oder der c-moll-Messe von Mozart bei den Salzburger Festspielen zur Aufführung sowie Werke zeitgenössischer Komponisten. Der Chor wird von Timothy Brown geleitet.

Sorin Coliban, Bass
Capulet *Roméo et Juliette*
Geb. in Bukarest. Singt u.a. an der Covent Garden Opera, Pariser Oper, Wiener Staatsoper, in San Francisco, Santiago de Chile und Tel Aviv mit Partien wie Philip II. *Don Carlo*, Ramfis *Aida*, Ferrando *Il trovatore*, Escamillo *Carmen*, Banquo *Macbeth*, Titelpartien *Don Giovanni*, *Figaro* und *Herzog Blaubart*. Debüt an der Bayerischen Staatsoper im April 2005.

Pat Collins, Lichtdesigner
La Calisto, Lulu, Orphée et Eurydice
Geb. in den USA. Debüt an der Bayerischen Staatsoper 1994 mit *Tannhäuser*. Außerdem Arbeiten beim Glyndebourne Festival, in London und in New York. Produktionen u.a. *Lucia di Lammermoor, Die Fledermaus, Die Walküre, Così fan tutte*. Für das Theater zudem *Into the Woods* (West End), *I'm Not Rappaport* (Broadway).

Kevin Conners, Tenor
The Novice *Billy Budd*, Pedrillo *Die Entführung aus dem Serail*, Trabuco *La forza del destino*, David *Die Meistersinger von Nürnberg*, Rodrigo *Otello*, Tschekalinskij *Pique Dame*, Hohepriester *Saul*
Geb. in den USA. Studium in New York und Salzburg, seit 1990 Ensemblemitglied der Bayerischen Staatsoper. Zahlreiche Gastverpflichtungen im In- und Ausland.

Lisa-Maree Cullum, Erste Solotänzerin
La Bayadère, Bella Figura/Agon/So nah so fern
Geb. in Neuseeland. Debüt beim Staatsballett 1998 in *Onegin*. Viele internationale Auftritte, u.a. in St. Petersburg, London, Mailand und Rom. Tanzt alle Solopartien des klassischen und modernen Repertoires u.a. *Giselle, Dornröschen, Ein Sommernachtstraum*, Werke von Balanchine, Robbins und Forsythe.

Davy Cunningham, Lichtdesigner
Faust
Geb. in Schottland. Lichtgestaltungen für über 100 Produktionen weltweit, u.a. für die English und Welsh National Operas, die Scottish Opera, die Houston Grand Opera sowie für die Opernhäuser in Paris, Sydney, Amsterdam, Brüssel und die Bregenzer Festspiele. Lichtdesign an der Bayerischen Staatsoper: *Katja Kabanova*, *Faust* und *I puritani*.

José Cura, Tenor
Titelpartie *Otello*
Geb. in Argentinien. 1994 Sieger des Internationalen Placido-Domingo-Wettbewerbs, Auftritte u.a. an der Wiener Staatsoper, am Londoner Royal Opera House, Covent Garden, an der Pariser Opéra Bastille, an der Mailänder Scala und an der New Yorker Metropolitan Opera. Partie an der Bayerischen Staatsoper: *Otello*.

Diana Damrau, Sopran
Konstanze *Die Entführung aus dem Serail*, Gilda *Rigoletto*, Königin der Nacht *Die Zauberflöte*, Liederabend
Geb. in Deutschland. Studium in Würzburg. Auftritte u.a. in London, Mailand, Paris, Wien, Berlin, Hamburg, Dresden und Salzburg. Partien an der Bayerischen Staatsoper: Zerbinetta *Ariadne auf Naxos*, Adele *Die Fledermaus*, Marzelline *Fidelio*, Zdenka *Arabella*.

John Daszak, Tenor
Edward Fairfax Vere *Billy Budd*, Alwa *Lulu*
Geb. in Großbritannien. Gesangsstudium an der Guildhall School of Music. Repertoire u.a. Gustavo *Un ballo in maschera*, Pinkerton *Madama Butterfly*, Boris *Katja Kabanova*, Titelpartie *Peter Grimes*. Engagements an der Opéra Bastille, English National Opera, Mailänder Scala und in Glyndebourne.

Jacqueline Davenport, Choreographin
Saul
Geb. in Großbritannien. Tanzausbildung an der Rambert School of Ballet und an der Royal Ballet School. Engagements als Tänzerin mit Choreographen wie John Neumeier, Johann Kresnik und Reinhild Hoffmann. Ab 1986 Ballettmeisterin des Bremer Theaters. Choreographien für über 40 Opernproduktionen.

Gideon Davey, Kostüm- und Bühnenbildner
La forza del destino, *Roméo et Juliette*
Geb. in Großbritannien. Debüt an der Bayerischen Staatsoper: 2001 *Il ritorno d'Ulisse in patria*, außerdem *Der Ring des Nibelungen*. Er arbeitet für Theater, Film und Fernsehen. Außerdem: Birmingham *Pelléas et Mélisande* und *Macbeth*, Maastricht *Don Pasquale*, Spoleto *Le nozze di Figaro*.

Mark Delavan, Bariton
Don Carlo di Vargas *La forza del destino*
Geb. in den USA. Er gastierte an allen großen Opernhäusern Nordamerikas. Partien u.a. Belcore *L'elisir d'amore*, Jago *Otello*, Scarpia *Tosca*, Escamillo *Carmen*, Gérard *Andrea Chenier*, Amonasro *Aida*, Jupiter *Die Liebe der Danae*, Titelpartien *Falstaff* und *Der fliegende Holländer*. Europadebüt 2005 mit Rigoletto an der Bayerischen Staatsoper.

Thomas Diestler, Countertenor
Adriel *Saul*
Geb. in Österreich. 1998 Stipendiat und Preisträger des American Institute for Musical Studies. Auftritte als Pluto *Orpheus in der Unterwelt*, als Arsace *Partenope* und als Arcane *Teseo*. Außerdem Mitwirkung bei mehreren Uraufführungen, z. B. bei der Münchner Biennale. An der Bayerischen Staatsoper Choraltus in *Acis and Galatea* und Adriel *Saul*.

Irina Dimova, Solotänzerin
La Bayadère, *Bella Figura/Agon/ So nah so fern*
Geb. in Bulgarien. Ausbildung in Sofia und Berlin. Seit Spielzeit 1998/99 beim Bayerischen Staatsballett; tanzt Solopartien u.a. in *Don Quijote*, John Neumeiers *A Cinderella Story*, *Dornröschen*, *Schwanensee*, *Limb's Theorem* und Werken von Balanchine, Godani, Kylian und Mats Ek.

Helmut Dirnaichner, Bildender Künstler *oltre mare*
Geb. in Deutschland. Studium an der Akademie der bildenden Künste in München bei Günther Fruhtrunk. Lebt seit 1978 in Mailand, Apulien und München.

Doris Dörrie, Regisseurin *Rigoletto*
Geb. in Deutschland. Großer internationaler Erfolg mit *Männer* (1985), weitere Spielfilme u.a. *Happy Birthday, Türke* (1991) und *Keiner liebt mich* (1993). 2001 Debüt als Opernregisseurin mit *Così fan tutte* an der Staatsoper Berlin, 2003 folgte dort *Turandot*.

Julius Drake, Pianist *Liederabend Ian Bostridge*
Geb. in Großbritannien. Internationale Tätigkeit im kammermusikalischen Bereich und als Liedbegleiter international anerkannter Künstler. Konzeption von Liederzyklen u.a. für die BBC und für die Wigmore Hall London. Konzerte in Europa, den USA und in Japan.

Martin Duncan, Regisseur *Die Entführung aus dem Serail*
Geb. in Großbritannien. Debüt an der Bayerischen Staatsoper 1996 mit *Xerxes*. 1994 Künstlerischer Direktor des Nottingham Playhouse. Autor und Komponist. Außerdem Regietätigkeit, z.B. *Albert Herring* an der Canadian Opera, *Die Zauberflöte* in Covent Garden, *Il barbiere di Siviglia* an der English National Opera.

Michael Ebbecke, Bariton
Landsknecht *Simplicius Simplicissimus*
Kammersänger der Staatsoper Stuttgart. Sang dort viele herausragende Partien seines Faches wie die Titelpartie in *Don Giovanni*, Graf Almaviva *Le nozze di Figaro*, Germont *La traviata*, Wolfram *Tannhäuser* und Heerrufer *Lohengrin*. Gastengagements führten ihn nach Buenos Aires, Genf, Lissabon, Prag, Paris, Mailand, Madrid, Wien und Zürich.

Rebecca Evans, Sopran
Merab *Saul*
Geb. in Großbritannien. Ausbildung an der Guildhall School of Music and Drama. Gewann mehrere Wettbewerbe, debütierte 1990 an der Opera North, Leeds, und wenig später an der Welsh National Opera, wo sie seitdem regelmäßig auftritt. Außerdem singt sie in Edinburgh, San Francisco, Santa Fe und an der Metropolitan Opera in New York.

August Everding, Regisseur
Die Zauberflöte
Geb. in Deutschland. Wurde 1973 Intendant der Hamburgischen Staatsoper, 1977 Intendant der Bayerischen Staatsoper. 1982 bis 1993 Generalintendant aller Bayerischen Staatstheater, 1993 bis zu seinem Tod 1999 Staatsintendant und Präsident der von ihm gegründeten Bayerischen Theaterakademie.

Franck Evin, Licht-Designer
Roméo et Juliette
Geb. in Frankreich. Seit 1995 Künstlerischer Leiter und Chef des Beleuchtungswesens an der Komischen Oper Berlin. Engagements u.a. an der Opéra de Lyon *Die Soldaten*, *Don Giovanni*, Opéra de Nice *Rigoletto*, *Tannhäuser* in Paris und beim Festival de Vaison La Romaine.

Franco Farina, Tenor
Don Alvaro *La forza del destino*
Geb. in den USA. Ausbildung am Oberlin Conservatory of Music, Debüt beim Spoleto Festival in Charleston. Sang an führenden amerikanischen Bühnen und in London, Wien, Brüssel, Paris, Hamburg und Berlin. Zu seinen wichtigen Partien gehören Edgardo *Lucia di Lammermoor*, der Duca *Rigoletto* und Pinkerton *Madama Butterfly*.

Séverine Ferrolier, Solotänzerin
*La Bayadère, Bella Figura/Agon/
So nah so fern*
Geb. in Frankreich. Tanzte an der Oper Toulon, beim Ballet de Nancy und English National Ballet. Bis 2004 am Leipziger Ballett, seit 2002 als Solistin. Debut beim Bayerischen Staatsballett 2004. Es folgen Fliederfee in *Dornröschen*, Olympia in *Kameliendame* sowie Solopassagen in Forsythes *Limb's Theorem*.

Sarah Fox, Sopran
Michal *Saul*
Geb. in Großbritannien. Musikalische Ausbildung am Royal College of Music in London. Gewann 1997 den Kathleen Ferrier Award, seitdem als Lied- und Konzertsängerin Auftritte mit den wichtigsten englischen Orchestern. Als Opernsängerin Auftritte vor allem beim Glyndebourne Festival, weitere Engagements an großen europäischen Häusern.

Tom Fox, Bariton
Dr. Schön/Jack *Lulu*
Geb. in den USA. Sang u.a. Amonasro *Aida*, Escamillo *Carmen*, Ford *Falstaff* Nick Shadow *The Rake's Progress* und Don Pizarro *Fidelio*. Auftritte u.a. in Chicago, Mailand, Wien, Berlin, New York. 1995 Tierbändiger in *Lulu* bei den Salzburger Festspiele. Partien an der Bayerischen Staatsoper: Jago *Otello*, Scarpia *Tosca*, Klingsor *Parsifal*.

Cornel Franz, Konzeptmacher
Festspiel+
Geb. in Deutschland. Als freier Regisseur in Bremen, Mannheim, Wien, Paris, Los Angeles tätig sowie an der Deutschen Oper Berlin, der Hamburgischen und der Bayerischen Staatsoper. 1988 Lehrstuhl für Regie an der Hochschule für Musik und Theater München. An der Bayerischen Staatsoper verantwortlich für Konzept und Programm *Festspiel+*.

Manolito Mario Franz, Tenor
Cecil *Roberto Devereux*
Geb. in Deutschland. Studium an der Scuola del Belcanto bei Barbara Ikas. Debüt an der Bayerischen Staatsoper: 2002 Diener Amelias *Un ballo in maschera*. Ensemblemitglied des Salzburger Landestheaters.

Achim Freyer, Maler, Pianist
Giacomettis Kinder
Geb. in Deutschland. Der Schüler von Bertolt Brecht ließ sich zum Maler ausbilden, bevor er sich dem Theater zuwandte, wo er als Regisseur sowie als Bühnen- und Kostümbildner arbeitete. Operninszenierungen führten ihn u.a. nach München, Basel, Amsterdam, Wien, Berlin, Paris und Salzburg. Er erhielt zahlreiche Auszeichnungen.

Barbara Frittoli, Sopran
Desdemona *Otello*
Geb. in Italien. Partien u.a. Contessa di Almaviva *Le nozze di Figaro* an der Wiener Staatsoper, bei den Salzburger Festspielen und der Mailänder Scala, Liù *Turandot* in Paris, Mimi *La bohème* in New York, Fiordiligi *Così fan tutte* am Londoner Royal Opera House, Covent Garden.

David Frühwirth, Violinist
Kammerkonzert Festspiel+
Geb. in Österreich. Studierte bei Zakhar Bron und Pinchas Zukerman. Konzerte in großen Musikzentren der Welt. Als Interpret hat er zahlreiche Werke aus der Taufe gehoben und präsentierte einige davon bei den CD-Einspielungen sowie bei seinem Debüt bei den Salzburger Festspielen 2004.

Paul Fuchs, Bildhauer und Klangkünstler
Giacomettis Kinder
Geboren 1936, Schüler von Heinrich Kirchner. Er entwickelte zusammen mit Limpe Fuchs und Friedrich Gulda die ANIMA MUSIK. Seit 1975 widmet er sich der Entwicklung von Klangskulpturen. Zahlreiche Ausstellungen und Konzerte.

Mit Rum, Limette, Minze:

grün genug?

wunderhaus.com

Man betritt sie nicht, man setzt seine Füße darauf *

Die wunderschönen Teppich-Kollektionen von Stefanie Odegard, Zoë Luyendijk ... sowie antike Schönheiten haben ihren großen Auftritt in Residenz Carpets, Münchens neuer und exklusiver Teppich-Boutique.

RESIDENZ CARPETS
by böhmler

RESIDENZ CARPET OHG · RESIDENZSTRASSE 27 · 80333 MÜNCHEN · T: +49 89 52032 800

Itzik Galili, Choreograph
So nah so fern
Geb. in Israel. Begann mit 24 Jahren seine Tanzausbildung. Erste Engagements bei Bat-Dor und Batsheva Dance Company, dann eigene Choreographien (mehr als sechzig), die in aller Welt getanzt werden. Zahlreiche Auszeichnungen mit seiner eigenen Compagnie. *So nah so fern* ist die erste Zusammenarbeit mit dem Bayerischen Staatsballett.

Martin Gantner, Bariton
Mercutio *Roméo et Juliette*
Geb. in Deutschland. Seit 1993 Ensemblemitglied der Bayerischen Staatsoper. Gastspiele u.a. Salzburger Festspiele, Mailänder Scala, Barcelona, Berlin, Wien. Partien an der Bayerischen Staatsoper: u.a. Papageno *Die Zauberflöte*, Marcello *La bohème*, Guglielmo *Così fan tutte*, Jelezkij *Pique Dame*.

Paolo Gavanelli, Bariton
Titelpartie *Rigoletto*
Geb. in Italien. Promovierter Jurist. Gastspiele an allen bedeutenden Opernhäusern der Welt. Partien u.a. Jago *Otello*, Amonasro *Aida*, Titelpartien *Nabucco*, *Macbeth*, *Simon Boccanegra*. Debüt an der Bayerischen Staatsoper 1989 als Marcello *La bohème*.

Fatma Genç, Schauspielerin
Erzählerin *Die Entführung aus dem Serail*
Geb. in der Türkei. Abitur in Berlin. Schauspielstudium an der Hochschule für Musik und Theater in Saarbrücken. Zweimal erhielt sie einen Förderpreis des Bundesministeriums für Bildung. Engagements am Saarbrücker Staatstheater und am Theater Ingolstadt. Darüberhinaus wirkt sie regelmäßig in Fernsehproduktionen von ARD und ZDF mit.

Véronique Gens, Sopran
L'Eternitá/Giunone *La Calisto*
Geb. in Frankreich. Zählt zu den international führenden Barockinterpretinnen, Auftritte auch mit den großen Partien Mozarts. Engagements in Aix-en-Provence, Madrid, am Teatro del Liceu in Barcelona und am Amsterdamer Concertgebouw. Konzerte führten sie nach La Coruna, Rom und zu den Salzburger Festspielen.

Heinz Göhrig, Tenor
Gouverneur *Simplicius Simplicissimus*
Geb. in Deutschland. Gesangsstudium bei Erika Köth und Aldo Baldin. Erstes Engagement in Freiburg, seit 1988 Ensemblemitglied an der Staatsoper Stuttgart. Gastspiele an der Oper Bonn, bei den Salzburger Festspielen und an der Bayerischen Staatsoper. Seit 1998 Baden-Württembergischer Kammersänger.

Norbert Graf, Solotänzer
La Bayadère; *Bella Figura/Agon/So nah so fern*
Geb. in Deutschland. Mitglied des Bayerischen Staatsballetts seit 1989. Vielseitiger Interpret klassischer und moderner Rollen, u.a. Albrecht *Giselle* Mats Ek, Demetrius *Ein Sommernachtstraum*, Rotbart *Schwanensee*, *Onegin*. Moderne Partien in Teshigawaras *Sacre*, *Apartment* und *A sort of...*

Eike Gramss, Regisseur
Falstaff
Geb. in Deutschland. Schauspielstudium an der Hochschule für Musik und Theater in Hamburg. Erstes Engagement als Schauspieler, dann Regietätigkeit. 1985 Generalintendant in Krefeld, seit 1991 Direktor am Stadttheater Bern. Gastregien führten ihn u.a. an die Staatsoper Berlin, die English National Opera London und die Deutsche Oper am Rhein.

Susan Gritton, Sopran
Eurydice *Orphée et Eurydice*
Geb. in Großbritannien. Gastspiele an zahlreichen Opernbühnen wie beim Glyndebourne Festival, in Berlin, London, Paris und Rom. Partien u.a. Pamina *Die Zauberflöte*, Lucia *The Rape of Lucretia*, Nanetta *Falstaff*. Partien an der Bayerischen Staatsoper: Romilda *Xerxes*, Cleopatra *Giulio Cesare*.

Heike Grötzinger, Mezzosopran
Kunstgewerblerin *Lulu*, Magdalena *Die Meistersinger*, Gouvernante *Pique Dame*, Gertrude *Roméo et Juliette*
Geb. in Deutschland. Gesangsstudium in Köln, danach Meisterkurse u.a. bei Kurt Moll, Hanna Schwarz und Astrid Varnay. Gastengagements in Hagen, Kiel, Weimar sowie am das Teatro di Montepulciano. Seit 2005 Ensemblemitglied an der Bayerischen Staatsoper.

Edita Gruberova, Sopran
Elisabetta *Roberto Devereux*
Geb. in der Slowakei. Debüt an der Bayerischen Staatsoper: 1974 Königin der Nacht *Die Zauberflöte*. Außerdem weltweit: Zerbinetta *Ariadne auf Naxos*, Donna Anna *Don Giovanni*, Elisabetta *Roberto Devereux*, Titelpartien *Anna Bolena, Lucia di Lammermoor, Semiramide, Beatrice di Tenda*.

Paul Gulda, Pianist
Nacht-Konzert
Geb. in Österreich. Seit 1982 gibt er internationale Konzerte als Solist, Kammermusiker, Improvisator und Komponist. Er konzipiert literarisch-musikalische Programme. Seit 1998 gibt er regelmäßig Meisterkurse in mehreren Ländern. Paul Gulda hat rund 20 CDs verschiedener Richtungen veröffentlicht.

Rico Gulda, Pianist
Nacht-Konzert
Geb. in der Schweiz. Nach seinem Studium bei Ludwig Hoffmann, Noel Flores und Friedrich Gulda konzertiert Rico Gulda bei internationalen Festivals als Kammermusiker und Solist. Er ist Künstlerischer Leiter des Musiksommers Klaus und arbeitet außerdem als Produzent im internationalen Musikmanagement.

Nathan Gunn, Bariton
Titelpartie *Billy Budd*
Geb. in den USA. Studierte an der Universität von Illinois. Preisträger bei verschiedenen Wettbewerben. Mittlerweile an vielen großen Bühnen der Welt aufgetreten, so an der Lyric Opera of Chicago, der Metropolitan Opera in New York, dem Londoner Royal Opera House, Covent Garden und dem Théâtre de la Monnaie in Brüssel.

Olga Guryakowa, Sopran
Lisa *Pique Dame*
Geb. in Russland. Ausbildung am Moskauer Konservatorium. 1998 debütierte sie an der Metropolitan Opera New York und an der Mailänder Scala. Engagements an der Opéra Bastille, der Wiener Staatsoper und am Marinsky Theater in St. Petersburg. Ihr Repertoire umfasst u.a. Partien wie Tatiana *Eugen Onegin*, Mimì *La bohème* und Micaëla *Carmen*.

Beate von Hahn, Sopran
Kafkas Heidelbeeren
Geb. in Deutschland. Studium an der Hochschule für Musik und Theater in München. Partien an der Bayerischen Theaterakademie und am Prinzregententheater München: Cupid *Venus und Adonis*, Fortuna *La Didione*, Titelpartie *Rodrigo*, Titelpartie in W. Hillers *Pinocchio*. Auftragswerke für die Festspielnacht 2004.

Friedrich Haider, Dirigent
Roberto Devereux, Faust
Geb. in Österreich. Studium in Wien und Salzburg. 1991-1995 Chefdirigent an der Opéra du Rhin in Straßburg. Außerdem Dirigate u.a. in Wien, Hamburg, Köln, Barcelona, Lissabon, Nizza. Neben seiner Tätigkeit als Operndirigent steht er am Pult zahlreicher Symphonieorchester und ist als Liedbegleiter tätig.

Anja Harteros, Sopran
Alice Ford *Falstaff*, Titelpartie *Alcina*
Geb. in Deutschland. Zunächst Ensemblemitglied am Musiktheater Gelsenkirchen und an der Oper der Stadt Bonn. Gewann 1999 den Cardiff Singer of the World-Wettbewerb. Seither gastierte sie an den Opernhäusern von Frankfurt, Lyon, Amsterdam, Dresden, Paris, Hamburg, Wien, Berlin, Salzburg und gibt weltweit Konzerte.

Will Hartmann, Tenor
Maler *Lulu*
Studium an der Musikhochschule Köln. 1993 Ensemblemitglied der Oper Köln als Bariton. Seit 1996 an der Niedersächsischen Staatsoper Hannover. Gastspiele u.a. in Leipzig, Berlin, Rom, Paris, Madrid, London. Partien an der Bayerischen Staatsoper: Jeník *Die verkaufte Braut*, Matteo *Arabella*, Maler *Lulu*.

Márcia Haydée, Tänzerin
Dame *Simplicius Simplicissimus*
Geb. in Brasilien. Studierte in London. Bereits als Elevin erste Auftritte. In Stuttgart erkannte und förderte John Cranko ihr Talent und kreierte für sie die berühmt gewordenen Frauenrollen in seinen klassischen Balletten. 1976 übernahm Márcia Haydée die Direktion des Stuttgarter Balletts, das sie bis 1996 leitete.

Peter Heilker, Produktionsdramaturg
Roberto Devereux, Guarda che bianca luna
Geb. in Deutschland. 1997/98 Musikdramaturg am Theater St. Gallen, seit 1998 Dramaturg an der Bayerischen Staatsoper. Außerdem Lehrauftrag an der Hochschule für Musik und Theater München (Studiengang Regie). Produktionsdramaturg u.a. beim Glyndebourne Festival.

Tobias Heilmann, Lichtdesigner
Filmprojektionen *Rigoletto*
Geb. in München. Studierte Light Design, Regie und Kamera in den USA. Kreierte das Lichtdesign in zahlreichen Produktionen im Bereich Theater, Musical, Oper und Rock Konzerte. Regie in internationalen Theater- und TV-Produktionen, Dokumentarfilmen und Werbung. Lichtprojektionen in mehreren Inszenierungen der Staatsoper.

Barbara Heising, Mezzosopran
La Contessa di Ceprano/Paggio della Duchessa *Rigoletto*, Curra *La forza del destino*
Geb. in Deutschland. Studium in Leipzig und Berlin, Mitglied der Opernklasse von Julia Varady, der Liedklasse von Wolfram Rieger, Meisterkurse u.a. bei Dietrich Fischer-Dieskau. Seit Herbst 2004 Mitglied des Jungen Ensembles der Bayerischen Staatsoper.

Ulrike Helzel, Alt
Theatergarderobiere/Gymnasiast *Lulu*
Geb. in Deutschland. Seit 1996 Ensemblemitglied der Deutschen Oper Berlin. Partien u.a. Cherubino *Le nozze di Figaro*, Siébel *Faust*, Hänsel *Hänsel und Gretel*. Gast an der Komischen Oper Berlin, am Theater Basel und am Théâtre Royal de la Monnaie in Brüssel.

Sebastian Hess, Komposition/Cello
Dido & Aeneas, Konzert Akademie für Alte Musik Berlin
Geb. in Deutschland. Enge Zusammenarbeit mit zeitgenössischen Komponisten, aber auch historische Aufführungspraxis auf dem Barockvioloncello: London, Schleswig-Holstein Musik-Festival, Salzburger Festspiele, Seoul, Moskau. Unterrichtet an der Hochschule für Musik Nürnberg.

Constance Hoffman, Kostümbildnerin
Pique Dame
Studierte Kostümdesign in New York. Arbeitet im Bereich Schauspiel und Musiktheater vor allem in den USA, so u.a. am Broadway, am Center Stage in Baltimore, an der Glimmerglass/New York City Opera, der Houston Grand Opera, der San Francisco Opera sowie an den Opernhäusern in Los Angeles, Florida und Portland.

Petra Hoffmann, Sopran
Konzert oltre mare
Studierte Gesang bei Elsa Cavelti in Frankfurt/M sowie bei Charles Spencer, Paul Esswood und Sir John Eliot Gardiner. Auftritte u.a. im Teatro La Fenice, Venedig, an der Opera Real Madrid, bei den Salzburger Festspielen, Wien Modern. Zahlreiche Einspielungen mit Werken zeitgenössischer Musik (u.a. von Morton Feldman und Luigi Nono).

Die Münchener Küche　　　　　　　　　　　bulthaup

Sprechen Sie jetzt mit den Spezialisten für die neue Küchenarchitektur.
bulthaup München GmbH. Herrnstraße 44, beim Parkhaus am Hofbräuhaus.
80539 München. Telefon 089 2421570.　www.herrnstrasse.bulthaup.de

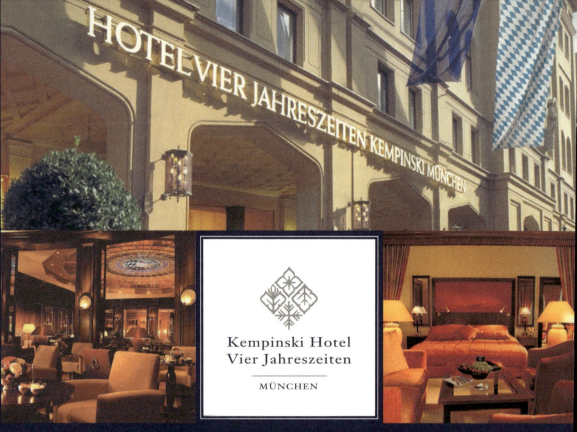

WERTVOLLE NACHBARSCHAFT
UNSER NAME VERSPRICHT LUXUS - DIE LAGE IST LEGENDÄR

Freuen Sie sich schon jetzt auf die Spielzeit 2005/2006
und erleben Sie unsere Komposition aus
Trend, Tradition und Kultur:

- Eine Übernachtung im Deluxe-Doppelzimmer
- Karten der besten Kategorie in der Bayerischen Staatsoper
- Eine Flasche Champagner als Willkommensgruß
- Das Vier Jahreszeiten Frühstücksbuffet

Weitere Informationen sowie aktuelle Vorstellungstermine
finden sie unter www.kempinski-vierjahreszeiten.de
oder unter Telefon 0 89/21 25 27 00

Kempinski Hotel Vier Jahreszeiten München
Maximilianstraße 17 · 80539 München
Tel. 0 89/21 25 0 · Fax 0 89/21 25 20 00
E-Mail: reservations.vierjahreszeiten@kempinski.com

A member of
The Leading Hotels of the World

Kempinski
HOTELIERS SINCE 1897

Andreas Homoki, Regisseur
Roméo et Juliette
Geb. in Deutschland. Debüt an der Bayerischen Staatsoper 1996 mit *Idomeneo*. 1987 bis 1993 Regieassistent an der Kölner Oper, danach freischaffend. Arbeiten in Genf, Essen, Hamburg, Berlin, Hannover, Köln, Leipzig, Basel, Paris, Amsterdam. In der Spielzeit 2002/2003 Chefregisseur, inzwischen Intendant der Komischen Oper Berlin.

Amir Hosseinpour, Choreograph/Regisseur
Orphée et Eurydice
Geb. im Iran. Choreographien u.a. für die Mailänder Scala. Regietätigkeit zusammen mit Nigel Lowery, u.a. Händels *Rinaldo* in Innsbruck, Montpellier und Berlin. Choreographien an der Bayerischen Staatsoper: Händels *Giulio Cesare*, *The Midsummer Marriage*; *Petruschka* für das Bayerische Staatsballett.

Steven Humes, Bass
Jones *Billy Budd*, Calatrava *La forza del destino*, Montano *Otello*, Narumow *Pique Dame*, Ceprano *Rigoletto*, Gualtiero *Roberto Devereux*, Duc *Roméo et Juliette*, Geist Samuels *Saul*, Sprecher *Die Zauberflöte*
Geb. in den USA. Gesangsstudium in Boston. Seit 2003 Ensemblemitglied der Bayerischen Staatsoper.

Graham Johnson, Pianist
Liederabend Felicity Lott
Geb. in Großbritannien. Debüt an der Bayerischen Staatsoper 1997 beim Liederabend Felicity Lott. Professor für Liedbegleitung an der Londoner Guildhall School of Music. Enge Zusammenarbeit u.a. mit Ann Murray, Christine Schäfer, Lucia Popp, Thomas Hampson.

Natalia Kalinitchenko, Solotänzerin
La Bayadère, Bella Figura/Agon/So nah so fern
Ausbildung an der Staatlichen Ballettschule in Kiew. Zahlreiche Wettbewerbe. 1993 Solistin in Kiew, 2000/2001 Ballett der Deutschen Oper am Rhein, seit 2003 Solistin beim Bayerischen Staatsballett. Tanzt u.a. in *Der Nussknacker, Ein Sommernachtstraum, Kameliendame, Dornröschen, Romeo und Julia.*

Franz-Josef Kapellmann, Bariton
Fra Melitone *La forza del destino*
Geb. in Deutschland. Gastiert an zahlreichen internationalen Bühnen, u.a. in Wien, Hamburg, Mailand, Brüssel, Berlin, Dresden, New York, Paris, London, beim Edinburgh Festival und den Salzburger Festspielen. Zu seinen Partien gehören u.a. die Titelpartien in *Wozzeck, Der fliegende Holländer* und *Rigoletto*.

Katarina Karnéus, Mezzosopran
Geschwitz *Lulu*
Geb. in Schweden. Debüt an der Bayerischen Staatsoper 1999 als Annio *La clemenza di Tito*. Außerdem Brüssel, Cardiff, Chicago, Glyndebourne, London, New York, Paris mit Partien wie Cherubino *Le nozze di Figaro*, Dorabella *Cosi fan tutte*, Rosina *Il barbiere di Siviglia*, Angelina *La Cenerentola*, Titelpartie *Carmen*, Orfeo *Orfeo ed Eurydice*.

Vesselina Kasarova, Mezzosopran
Ruggiero *Alcina*
Geb. in Bulgarien, Debüt an der Bayerischen Staatsoper 1993 als Cherubino in *Le nozze di Figaro*. Außerdem Amsterdam, Barcelona, Florenz, Genf, London, Mailand, Paris, Salzburg, Wien. Partien u.a. Adalgisa *Norma*, Ruggiero *Alcina*, Idamante *Idomeneo*, Dorabella *Cosi fan tutte*, Charlotte *Werther*.

Matthias Kaul, Komponist/Schlagzeuger
Kafkas Heidelbeeren
Geb. in Deutschland. Zunächst Rock- und Jazzschlagzeuger, dann Hochschulstudium. Tourneen u.a. in Nord- und Südamerika, Japan, Taiwan, Korea und Indien.

Simon Keenlyside, Bariton
Ford *Falstaff*
Geb. in Großbritannien. Debüt an der Bayerischen Staatsoper 1999 als Marcello in *La bohème*. Außerdem Auftritte in New York, London, Mailand, Paris, San Francisco, Berlin und Sydney mit Partien wie Guglielmo *Così fan tutte*, Pelléas *Pelléas et Mélisande*, Dandini *La Cenerentola*, Titelpartien *Don Giovanni* und *Hamlet*.

Anna Kiknadze, Mezzosopran
Polina *Pique Dame*
Geb. in Georgien, Gesangsstudium in Tiflis. 1998 gab sie dort ihr Debüt als Lola *Cavalleria rusticana*. 2000 gewann sie einen Sonderpreis beim Internationalen Rimsky-Korsakow-Wettbewerb und war erste georgische Vertreterin beim Singer of the World-Wettbewerb. Sie war Mitglied der Akademie für junge Sänger des Mariinsky-Theaters.

Johannes Knecht, Chorleiter
Simplicius Simplicissimus
Geb. in Deutschland. Studierte Schulmusik, Musikwissenschaft, Germanistik und Orchestermusik in Saarbrücken. Nach einem Kapellmeisterstudium ging er als Dirigent ans Stadttheater Pforzheim. Seit der Spielzeit 2001/02 stellvertretender Chordirektor in Stuttgart.

Karl Kneidl, Bühnenbildner
Simplicius Simplicissimus
Geb. in Deutschland. Lernte Bau- und Möbelschreiner und arbeitete als Bühnen- und Kostümbildner in zahlreichen deutschen Städten. 1974 Professor für Bühnenbild an der Kunstakademie Düsseldorf. Regiearbeiten in Stuttgart, Frankfurt, Zürich, Hannover und Berlin. Ausstattungen und Bühnenbilder für verschiedene deutsche Bühnen.

Hans-Peter König, Bass
Pogner *Die Meistersinger von Nürnberg*
Engagement an der Deutschen Oper am Rhein. Auftritte an den Opernhäusern von Berlin, Hamburg, Dresden, Stockholm, Bordeaux und Barcelona mit Partien wie Sarastro *Die Zauberflöte*, Gurnemanz *Parsifal*, Zaccaria *Nabucco*, Fiesco *Simon Boccanegra* und die Titelpartie in *Boris Godunow*.

Anatoli Kotscherga, Bass
Pistola *Falstaff*
Geb. in der Ukraine. Absolvierte das Konservatorium in Kiew und wurde durch seine Darstellung des Schaklowity *Chowanschtschina* in Wien international bekannt. Gastierte in Amsterdam, Berlin, Brüssel, Mailand, Paris, San Francisco, Wien, Bregenz und Salzburg. Singt alle großen Basspartien, Tätigkeit auch im Lied- und Konzertfach.

Magdalena Kožená, Mezzosopran
Liederabend
Geb. in Brünn. Studierte am Konservatorium ihrer Heimatstadt und in Pressburg. Gewann mehrere Preise in der Tschechischen Republik und Österreich. Erste Engagements an der Brünner Janacek-Oper und beim Festival Prager Frühling, dann Ensemblemitglied der Wiener Volksoper. Seither trat sie an vielen großen Opernhäusern auf.

Alfred Kuhn, Bass
Hans Schwarz *Meistersinger*, Theaterdirektor, Bankier, Medizinalrat, Professor *Lulu*
Geb. in Deutschland. Ensemblemitglied der Bayerischen Staatsoper seit 1983, seit 1991 Kammersänger. Operndebüt 1963 als Trulove *The Rake's Progress* in Darmstadt. Auftritte an allen wichtigen Bühnen Europas mit breitgefächertem Repertoire.

Ingolf Kumbrink, Bariton
Abner *Saul*
Geb. in Deutschland. Schauspiel- und Gesangsausbildung in München und Salzburg. In den Neunziger Jahren Schauspielengagement am Nationaltheater Mannheim, ab 1994 Liederabende in ganz Deutschland. Seit 1998 Mitglied des Chores der Bayerischen Staatsoper.

Vladimir Kuzmenko, Tenor
Hermann *Pique Dame*
Geb. in der Ukraine. Studierte Dirigieren und Gesang. Erstes Engagement an der Oper von Kiew, dann in Warschau. Regelmäßige Gastspiele u.a. an der Scottish Opera, dem Opernhaus Zürich und der Staatsoper in Dresden. Seit 1999 ist er festes Ensemblemitglied der Stuttgarter Staatsoper. Partie an der Bayerischen Staatsoper: Hermann *Pique Dame*.

Ryan Kwamé, Dirigent
Simplicius Simplicissimus
Geb. in Kanada. Studium bei Peter Eötvös. Konzerte u. a. mit Birmingham Symphony Orchestra und Baltimore Symphony Orchestra. Gastengagements u. a. bei den Salzburger Festspielen, dem Festival Musica in Straßburg und Wien Modern. Zuletzt *Tri Sestri* von Peter Eötvös in Lyon und *L'Espace dernier* von Matthias Pintscher in Paris.

Jiří Kylián, Choreograph
Bella Figura
Geb. in Prag. Dort und in London ausgebildet. Beginn einer internationalen Karriere als Choreograph in Den Haag mit dem Nederlands Dans Theater; gilt heute weltweit als einer der wichtigsten, stilbildenden Choreographen in der Tradition des Modern Dance.

Lucia Lacarra, Erste Solotänzerin
Bella Figura/Agon/So nah so fern
Geb. in Spanien. Karriere bei Roland Petit und beim San Francisco Ballet, zahlreiche internationale Auftritte und Auszeichnungen. Seit 2002 beim Bayerischen Staatsballett, Debut als Raymonda, tanzt u.a. Odette/Odile in *Schwanensee*, Marguerite in *Die Kameliendame*, *Dornröschen*, Julia sowie zahlreiche Solopartien in zeitgenössischen Balletten.

Thomas Langhoff, Regisseur
Die Meistersinger von Nürnberg
Geb. in der Schweiz. Zunächst Schauspielregisseur in Berlin, Hamburg, Frankfurt, Wien und bei den Salzburger Festspielen. 1989 erste Opterninszenierungen in Frankfurt mit Brittens *A Midsummer Night's Dream*. Von 1991 bis 2001 Intendant des Deutschen Theaters und der Kammerspiele in Berlin.

Stefanos Lazaridis, Bühnenbildner
Faust
Geb. in Äthiopien. Studium in Paris und London. Seit 1970 schuf er die Bühnenbilder für über 25 Produktionen an der English National Opera. In letzter Zeit arbeitete er u.a. an der Deutschen Staatsoper Berlin, in Amsterdam, Tel Aviv, Pesaro, Zürich und Brüssel. 1998 als Ausstatter des Jahres ausgezeichnet.

Roman Lazik, Erster Solotänzer
La Bayadère, Bella Figura/Agon/So nah so fern
Geb. in der Slowakei. Ausbildung und erstes Engagement in Bratislava, dann Südafrika. Seit 2000 beim Bayerischen Staatsballett, zahlreiche Solopartien u.a. Prinz in *Schwanensee*, Theseus/Oberon in *Ein Sommernachtstraum*, Prinz in *Dornröschen*, *Romeo und Julia* und zahlreiche moderne Partien.

Marie-Jeanne Lecca, Kostümbildnerin
Faust
Geb. in Rumänien. Dort Studium an der Akademie der Schönen Künste. Lebt seit 1984 in London. Ausstattungen und Kostüme u.a. an der English National Opera, an der Opéra Bastille, Staatsoper Wien, an der Staatsoper Berlin sowie in Amsterdam, Brüssel, Houston, Seattle und Turin. Bühnen- und Kostümbilder auch für Theater und TV-Produktionen.

Helmut Lehberger, Produktionsdirektor
Neueinstudierung *Die Zauberflöte*
Geb. in Deutschland. Studium der Musiktheater-Regie in Essen. 1981 Engagement als Spielleiter an der Bayerischen Staatsoper. 1983 bis 1987 ständiger Mitarbeiter von August Everding. Seit 1984 Regietätigkeit im In- und Ausland. Seit der Spielzeit 2000/2001 Produktionsdirektor der Bayerischen Staatsoper.

Sergei Leiferkus, Bariton
Jago Otello
Geb. in Russland. Gastspiele in Wien, Paris, Mailand, London, New York u.a. sowie bei den Festspielen in Salzburg, Edinburgh, Glyndebourne. Wichtige Partien: Giorgio Germont *La traviata*, Don Carlo *La forza del destino*, Almaviva *Le nozze di Figaro*. Partien an der Bayerischen Staatsoper: Escamillo *Carmen*, Telramund *Lohengrin*, Scarpia *Tosca*.

Jonathan Lemalu, Bass
Titelpartie *Saul*
Geb. in Neuseeland. Debüt an der Bayerischen Staatsoper bei den Festspielen 2002 mit einem Liederabend. Außerdem Auftritte in London, Edinburgh, Neuseeland, Gstaad. Partien u.a. Colline *La bohème*, Bartolo *Le nozze di Figaro*, Trulove *The Rake's Progress*.

Bernd Lepel, Bühnenbildner
Rigoletto
Geb. in Deutschland. Studium als Bühnen- und Kostümbildner in München. Neben seiner Tätigkeit am Theater stattete er mehrere Filmproduktionen aus, darunter *Die Blechtrommel* von Volker Schlöndorff. Erhielt u.a. den "Award for best Production Design". Eine kontinuierliche Zusammenarbeit verbindet ihn mit der Regisseurin Doris Dörrie.

Marjana Lipovsek, Mezzosopran
Quickly Falstaff, *Festspielkonzert Oper für alle*
Geb. in Slowenien. Debüt an der Bayerischen Staatsoper 1981 als Erda in *Das Rheingold*. Außerdem Auftritte in Chicago, Mailand, München, Paris, Salzburg, Wien. Repertoire: Titelpartie *Samson et Dalila*, Marina *Boris Godunov*, Amme *Die Frau ohne Schatten*, Fricka *Der Ring des Nibelungen*.

Felicity Lott, Sopran
Liederabend
Geb. in Großbritannien. Umfangreiches Opernrepertoire. Schwerpunkt auf den Partien von Richard Strauss. Gast u.a. in New York, Wien, Paris, Chicago und Mailand. Begehrte Konzert- und Liedsängerin. 1992 Ernennung zur Dame Commander of the British Empire. Seit 2003 Bayerische Kammersängerin.

Nigel Lowery, Regisseur/Bühnen- und Kostümbildner
Orphée und Eurydice
Geb. in Großbritannien. Bis 1983 Engagement am Old Vic Theatre. 1987 Debüt an der Scottish Opera mit *Macbeth*. Wahl der Produktion von Händels *Rinaldo* in Montpellier, Innsbruck und Berlin 2003 zur Inszenierung des Jahres. 1994 Ausstattung für *Giulio Cesare in Egitto* für die Bayerische Staatsoper.

Christof Loy, Regisseur
Roberto Devereux, *Saul*
Geb. in Deutschland. Studium der Musiktheaterregie an der Folkwang Hochschule in Essen. Nach Regieassistenzen in Gelsenkirchen, Brüssel und bei Luc Bondy, wurde er als Regisseur tätig. Engagements u.a. in Düsseldorf *Manon*, *Don Carlo*, *L'Orfeo*, Köln *Carmen*, Hamburg *Alcina*, Brüssel *Le nozze di Figaro*.

Fabio Luisi, Dirigent
La forza del destino
Geb. in Italien. Klavierstudium bei Ciccolini, Dirigierstudien bei Horvat. Beginn der internationalen Karriere an der Bayerischen Staatsoper, der er seither eng verbunden ist. Freischaffender Dirigent mit Verpflichtungen u.a. in Wien, München, Berlin, Hamburg, Paris, Rom, New York, Chicago. Chefdirigent des Sinfonieorchesters des MDR Leipzig.

Jonathann Lunn, Choreograph
Die Entführung aus dem Serail
Geb. in Großbritannien. Nach einer Tänzerkarriere Choreograph in London, Los Angeles, Rom, Stockholm, San Francisco, Zürich, Lissabon für Tanz, Film und Oper. 1995 Laurence Olivier Award für *Pericles* (London). Debüt an der Bayerischen Staatsoper 1996 mit *Xerxes*.

LENBACHHAUS KUNSTBAU
STÄDTISCHE GALERIE IM LENBACHHAUS UND KUNSTBAU MÜNCHEN

GERHARD RICHTER

4.6. – 21.8.2005
KUNSTBAU

DIENSTAG BIS SONNTAG 10 – 18 UHR · KÖNIGSPLATZ · 80333 MÜNCHEN

Ambrogio Maestri, Bariton
Titelpartie *Falstaff*
Geb. in Italien. Studierte Klavier und Gesang. 1999 erste Engagements an den Opern von Washington, Triest und Verona. Internationaler Durchbruch nach seinem Debüt als Falstaff am Teatro Verdi in Busseto und an der Mailänder Scala. Seither sang er u.a. an der Deutschen Oper Berlin, am Teatro Real in Madrid und an der Wiener Staatsoper.

Claudia Mahnke, Mezzosopran
Titelpartie *Simplicius Simplicissimus*
Geb. in Deutschland. Studierte an der Musikhochschule Dresden. Gastspiele führten sie zuletzt als Komponist an die San Francisco Opera, als Rosina an die Komische Oper Berlin, als Dorabella an die Opéra National de Lyon und nach San Francisco sowie als Octavian nach Essen. Ensemblemitglied der Staatsoper Stuttgart.

Jun Märkl, Dirigent
Pique Dame
Geb. in Deutschland. Debüt an der Bayerischen Staatsoper 1992 mit *Peter Grimes*. Von 1994-2000 Generalmusikdirektor des Nationaltheaters Mannheim. Außerdem Dirigate in London, New York und Wien: *Der Ring des Nibelungen, Lohengrin, Venus und Adonis, Tristan und Isolde, Il trovatore*.

Andrés Máspero, Chordirektor
Billy Budd, Die Entführung aus dem Serail, Falstaff, Faust, La forza del destino, Meistersinger, Orphée et Eurydice, Otello, Pique Dame, Rigoletto, Roberto Devereux, Roméo et Juliette, Saul, Die Zauberflöte
Geb. in Argentinien. Promovierte in den USA zum Doctor of Musical Arts. Wichtige Stationen: Rio de Janeiro, Buenos Aires, Barcelona und Frankfurt.

Sally Matthews, Sopran
Titelpartie *La Calisto*
Geb. in Großbritannien. Studierte Gesang an der Guildhall School of Music and Drama und gewann 1999 den Kathleen Ferrier Award. 2001 Debüt am Royal Opera House Covent Garden. Weitere Engagements führten sie u.a. an die Berliner Staatsoper Unter den Linden und zum Glyndebourne Festival. Sie pflegt ein breites Konzertrepertoire.

Elena Maximova, Mezzosopran
Maddalena *Rigoletto*
Geb. in Russland. Gesangsausbildung am Moskauer Konservatorium, erstes Engagement am Moskauer Stanislawsky-Theater. Preisträgerin u.a. beim Michail-Glinka-Gesangswettbewerb und Spezialpreis für die beste Liedinterpretation sowie den Publikumspreis beim Elena-Obraztsova-Wettbewerb.

Franz Mazura, Bass
Schigolch *Lulu*
Geb. in Österreich. Verschiedene Schauspiel- und Operngastspiele, 1990 zum Ehrenmitglied des Nationaltheaters Mannheims ernannt. 1971 Debüt bei den Bayreuther Festspielen, als Shakespeares König Lear drei Jahre lang am Staatsschauspiel Stuttgart. An der Bayerischen Staatsoper bereits 1979 Dr. Schön *Lulu*.

Anthony Mee, Tenor
Bardolfo *Falstaff*, Squeak *Billy Budd*
Geb. in Großbritannien. Studium am Royal Northern College of Music in Manchester. Er gastiert heute an internationalen Opernhäusern wie der Staatsoper Berlin, der Vlaamse Opera, in Chicago, an der Welsh National Opera, der Scottish Opera, der English National Opera und bei den Salzburger Festspielen.

Zubin Mehta, Dirigent
Falstaff, Otello, Rigoletto, Festspiel-Konzert Oper für alle
Geb. in Indien. Debüt an der Bayerischen Staatsoper: 1994 *Tannhäuser*. Musikdirektor des Israel Philharmonic Orchestra auf Lebenszeit; Chefdirigent des Maggio Musicale Florenz; Generalmusikdirektor der Bayerischen Staatsoper seit 1998/99.

Kultur auf Bestellung. Stöbern Sie bei...

art-present.com

Kirill Melnikov, Erster Solotänzer
La Bayadère
Geb. in Russland. Absolvent des Waganova-Instituts. Mit 18 Jahren Ensemblemitglied des Kirov-Balletts. Mitglied des Bayerischen Staatsballetts. Rollen u.a. Oberon John Neumeiers *Ein Sommernachtstraum*, Solor *La Bayadère*, Rotbart *Schwanensee*, *Romeo und Julia*, Gaston und Monsieur Duval *Die Kameliendame*, Radscha *La Bayadère*.

Guy de Mey, Tenor
Linfea *La Calisto*
Geb. in Belgien. Studium in Brüssel und Amsterdam. Engagements an zahlreichen Opernhäusern Europas, u.a. in Berlin, Paris, Venedig, London, Antwerpen. Schwerpunkt: Partien des Renaissance- und Barock-Repertoires von Monteverdi bis Gluck. Partie an der Bayerischen Staatsoper: Anfinomo *Il ritorno d'Ulisse in patria*.

Christian Miedl, Bariton
The Novice's Friend *Billy Budd*
Geb. in Deutschland. Studium am Salzburger Mozarteum. Preisträger des Francisco-Vinas-Gesangswettbewerb Barcelona und der Stiftung Deutsches Musikleben. Europaweite Engagements. Partien u.a. Guglielmo *Così fan tutte*, Dandini *La Cenerentola* und Papageno *Die Zauberflöte*. Partie an der Bayerischen Staatsoper: The Novice's Friend *Billy Budd*.

Aga Mikolaj, Sopran
Erste Dame *Die Zauberflöte*
Geb. in Polen. Konzerte und Engagements u.a. in Warschau, Luxemburg, Barcelona, Montreal, Cleveland und Pittsburgh. Seit 2002 Ensemblemitglied der Bayerischen Staatsoper. Partien hier: Frasquita und Micaëla *Carmen*, Erste Dame und Pamina *Die Zauberflöte*, Ines *Il trovatore*, Donna Elvira *Don Giovanni*, Gräfin Ceprano *Rigoletto*.

Christian Mings, Musik
oltre mare
Geb. in Deutschland. Studium der Musikwissenschaft, Philosophie und Pädagogik in München. Tätigkeit als Instrumentallehrer, Musiktherapeut, Gründer einer Gruppe für Musikimprovisation; seit 1990 freier Mitarbeiter bei verschiedenen Rundfunkanstalten. Seit 1997 Organisator der Konzertreihe „Unterwegs".

Hannah Esther Minutillo, Mezzosopran
Emilia *Otello*
Geb. in Tschechien. Auftritte u.a. in Essen, Madrid, Paris, Amsterdam, bei Festspielen von Bregenz und Aix-en-Provence. Repertoire: Idamante *Idomeneo*, Octavian *Der Rosenkavalier*, Titelpartie in *Carmen*, Fenena *Nabucco* u.a. Partie an der Bayerischen Staatsoper: Floßhilde *Der Ring des Nibelungen*.

Tomio Mohri, Bühnen- und Kostümbildner, Maler, Designer
La Bayadère
Geb. in Japan, Debüt an der Bayerischen Staatsoper 1992 mit *Die Frau ohne Schatten*. Weitere Arbeiten an internationalen Bühnen u.a. *Le Coq d'Or* (Châtelet Paris), *Schwanensee* (Opéra Bastille), *Madame von Sado* (Schaubühne Berlin); Zusammenarbeit mit Issey Miyake (Ausstellung Musee d'Art Décoratif, Paris).

Kurt Moll, Bass
Padre Guardiano *La forza del destino*, Sarastro *Die Zauberflöte*
Geb. in Deutschland. 1971 Debüt an der Bayerischen Staatsoper. Weltweit außerdem Osmin *Die Entführung aus dem Serail*, Sarastro *Die Zauberflöte*, Gurnemanz *Parsifal*, König Marke *Tristan und Isolde*. Bayerischer, Hamburger und Wiener Kammersänger.

Gabriela Montero, Pianistin
Nacht-Konzert
Geb. in Venezuela. "Ich bin selten so einem Talent wie Gabriela begegnet", sagt Martha Argerich über sie. Internationale Aufmerksamkeit errang Gabriela Montero mit dem Gewinn der Bronze-Medaille des Chopin-Wettbewerbes 1995 in Warschau. Seither gibt sie weltweit Konzerte.

www.kulturverfuehrer.de

Maurizio Montobbio, Lichtdesigner
La Bayadère
Geb. in Italien. Beleuchtungschef bei Michail Baryschnikovs White Oak Dance Project. Beleuchtungsdesigns für die Mailänder Scala, die Pariser Oper mit Patrice Bart und mit Jean Grand-Maitre.

Hanno Müller-Brachmann, Bariton
Papageno *Die Zauberflöte*
Geb. in Deutschland. Studium in Freiburg und Mannheim. Preise u.a. beim Nürnberger Meistersingerwettbewerb. Operndebüt 1991 in Freiburg, seither Auftritte als Opern-, Lied- und Konzertsänger u.a. in Basel, Lausanne, Madrid, Paris, Tokio, Amsterdam, Chicago, New York. Seit 1997 Mitglied der Berliner Staatsoper Unter den Linden.

Mark Munkittrick, Bass
Hauptmann *Simplicius Simplicissimus*
Geb. in den USA. Seit 1985 Mitglied der Staatsoper Stuttgart. Partien u.a. Escamillo *Carmen*, Bill *Aufstieg und Fall der Stadt Mahagonny*, Reinmar *Tannhäuser*, Taddeo *L'italiana in Algeri*, Bartolo *Il barbiere di Siviglia*, Plutone *L'Orfeo*, Hans Foltz *Die Meistersinger von Nürnberg* sowie zuletzt als Micha *Die verkaufte Braut* und Alberich *Siegfried*.

Herbert Murauer, Bühnen- und Kostümbildner
Roberto Devereux, Saul
Geb. in Österreich. Bühnenbild-Studium an der Hochschule für Musik und Darstellende Kunst in Salzburg. Freischaffender Bühnenbildner: *Manon* und *Don Carlo* (Deutsche Oper am Rhein) und *Ariadne auf Naxos* (Royal Opera House Covent Garden, London).

Peter Mussbach, Regisseur
Billy Budd
Geb. in Deutschland. Studierte Klavier, Gesang, Theaterwissenschaft, Philosophie, Kunstgeschichte und Rechtswissenschaften. Opern- und Schauspielinszenierungen u.a. in Frankfurt, Hamburg, Brüssel und Amsterdam. Professur für Schauspiel und Regie am Salzburger Mozarteum. Seit 2002 Intendant der Berliner Staatsoper unter den Linden.

Kent Nagano, Dirigent
Billy Budd
Geb. in den USA. Einer der herausragenden Dirigenten für das Opern- wie auch für das Orchesterrepertoire. 1989 bis 1998 musikalischer Leiter der Opéra National de Lyon, seit 2000 Chefdirigent und künstlerischer Leiter des Deutschen Symphonie-Orchesters Berlin. Ab der Spielzeit 2006/07 Generalmusikdirektor der Bayerischen Staatsoper.

Ann-Katrin Naidu, Mezzosopran
Meg Page *Falstaff*
Geb. in Deutschland. Engagements in Saarbrücken und Mannheim, seit 1996 festes Ensemblemitglied am Gärtnerplatztheater. Partien u. a. Carmen, Komponist *Ariadne auf Naxos*, Mignon. Rege Konzerttätigkeit in Europa und den USA. Partien an der Bayerischen Staatsoper: Flora *La traviata*, Wellgunde und Waltraute *Der Ring des Nibelungen*.

Patricia Neary, Ballettmeisterin
Agon
Geb. in den USA. War Ballettmeisterin in Berlin, Direktorin des Ballets am Grand-Théâtre de Genève, am Zürcher Opernhaus, Teatro alla Scala in Mailand und beim Ballet British Columbia in Vancouver. Jahrelange enge Zusammenarbeit mit George Balanchine. Einstudierung von fast allen Balanchine-Produktionen am Nationaltheater.

Christoph Nel, Regisseur
Simplicius Simplicissimus
Geb. in Deutschland. Regiearbeiten an den Theatern in Berlin, Hamburg, Köln, Frankfurt, Stuttgart und Basel. Wichtige Opernarbeiten waren u.a. *Falstaff, Die Meistersinger von Nürnberg, Tristan und Isolde, Die Frau ohne Schatten* in Frankfurt, *Fidelio* und *Freischütz* in Berlin sowie die Uraufführung von Kagels Theaterkonzert auf der Ruhrtriennale.

Vivienne Newport, Choreographin
Faust
Geb. in Großbritannien. Tanzstudium in London, Essen und Wuppertal. Nach Karriere als Tänzerin erarbeitete sie viele Choreographien für ihr eigenes Ensemble sowie für Schauspielproduktionen in Bonn, Bochum, Wiesbaden, Nürnberg, Rostock, Tübingen, inzwischen eigene Regiearbeiten.

Dagmar Peckova, Mezzosopran
Preziosilla *La forza del destino*
Geboren in Tschechien. 1989 Ensemblemitglied der Berliner Staatsoper Unter den Linden. Partien u.a. Cherubino *Le nozze di Figaro*, Rosina *Il barbiere di Siviglia*, Dorabella *Così fan tutte*, Hänsel *Hänsel und Gretel*, Suzuki *Madama Butterfly*. Gastspiele in Stuttgart, Paris und Basel, bei den Festspielen in Bregenz und Salzburg.

Anne Pellekoorne, Alt
Marthe Schwerdtlein *Faust*
Geb. in den Niederlanden. Ensemblemitglied der Bayerischen Staatsoper seit 1989. Außerdem Brasilien, Rom, Wiesbaden, Zürich mit breitgefächertem Repertoire.

Alfredo Perl, Pianist
Kammerkonzert Festspiel+
Geb. in Chile. Seit seinem ersten Auftritt mit neun Jahren gab der Künstler weltweit zahlreiche Konzerte, die ihn, den Preisträger bedeutender Wettbewerbe, bald zu einem der führenden Pianisten seiner Generation werden ließen. Zahlreiche CD-Aufnahmen, darunter sämtliche Beethoven-Sonaten, erhielten große internationale Anerkennung.

Mikhail Petrenko, Bass
Monterone *Rigoletto*
Geb. in Russland. Mit dem Ensemble des Mariinsky Theaters europaweit zahlreiche Gastspiele. Partien u.a. Hagen und Fafner im *Ring des Nibelungen*, Heinrich *Lohengrin* und Hunding *Die Walküre*. Partien an der Bayerischen Staatsoper: Bonzo *Madama Butterfly*, Angelotti *Tosca*.

Francesco Petrozzi, Tenor
Moser *Die Meistersinger von Nürnberg*, Tschaplitzky *Pique Dame*, Tybalt *Roméo et Juliette*, Amalektiker *Saul*
Geb. in Peru. Debüt an der Bayerischen Staatsoper 1999 als Rodolfo in *La bohème*. Außerdem Auftritte an verschiedenen großen Häusern in Nord- und Südamerika mit Partien wie Herzog *Rigoletto*, Pinkerton *Madama Butterfly*, Tamino *Die Zauberflöte*.

Adrianne Pieczonka, Sopran
Eva *Die Meistersinger von Nürnberg*, Lisa *Pique Dame*
Geb. in Kanada. Debüt an der Bayerischen Staatsoper: 1994 Contessa *Le nozze di Figaro*. Außerdem Berlin, Barcelona, Dresden, Glyndebourne Festival, Genua, Hamburg, Mailand, Toronto, Wien mit Partien wie Titelpartie *Arabella*, Ellen Orford *Peter Grimes*, Tatjana *Eugen Onegin*, Marschallin *Der Rosenkavalier*.

Cyril Pierre, Erster Solotänzer
Bella Figura/Agon/So nah so fern
Geb. in Frankreich. Karriere bei Roland Petit in Marseille, danach San Francisco Ballet. Seit 2002 in München, internationale Gastauftritte. Erste Rolle in München: Abderakhman in *Raymonda*; seitdem u.a. Demetrius in *Ein Sommernachtstraum*, Titelpartie in *Onegin*, Prinz in *Dornröschen*, Romeo, Mercutio und zahlreiche moderne Partien.

Jeanne Piland, Mezzosopran
Sara *Robert Devereux*
Geb. in den USA. Engagements an der New York City Opera, an der Deutschen Oper am Rhein in Düsseldorf, dort Ernennung zur Kammersängerin. Gastspiele in London, Paris, Mailand, Wien und bei den Festspielen in Salzburg. Partien an der Bayerischen Staatsoper: Titelpartie *Die Jungfrau von Orléans*, Marguerite *La Damnation de Faust*.

Gottfried Pilz, Bühnen- und Kostümbildner
Falstaff, Die Meistersinger von Nürnberg
Geb. in Österreich. Debüt an der Bayerischen Staatsoper 1992 mit *Der Prinz von Homburg*. Außerdem Produktionen weltweit, u.a. *Moses und Aron, Luisa Miller, Amahl und die nächtlichen Besucher, Der Ring des Nibelungen*. Seit 1993 auch Regietätigkeit.

Frank Porretta, Tenor
Don Alvaro *La forza del destino*
Geb. in den USA, Studium an der Julliard School. Europa-Debüt 2002 als Otello in Sevilla, Engagements in Baltimore, Madrid, Lissabon, Berlin und Paris mit Partien wie Cavaradossi *Tosca*, Calaf *Turandot*, Radames *Aida*, Turridu *Cavalleria Rusticana*. 2005/06 Debüts an den Staatsopern in Wien und Hamburg und der Dresdner Semperoper.

Alphonse Poulin, Choreograph
Otello
Geb. in den USA. Tänzer bei der Ballettcompagnie in Boston, dem Municipal Theater in São Paulo, beim Nationalballett Lissabon sowie am Theater des Westens in Berlin. 1981 Ballettmeister am Grand Théâtre in Genf. Choreographien für Opern wie *La Périchole, Eugen Onegin, Lulu, Le nozze di Figaro, Aida, La traviata, Rigoletto* und *Turandot*.

David Pountney, Regisseur
Faust
Geb. in Großbritannien. 1982 bis 1993 Chefregisseur der English National Opera. Inszenierungen an der Metropolitan Opera New York, der Wiener Staatsoper, dem Opernhaus Zürich, seit 2003 Intendant der Bregenzer Festspiele. Inszenierungen an der Bayerischen Staatsoper: *Die Ausflüge des Herrn Brouček, Aida, Katja Kabanova, Faust*.

Stan Pressner, Lichtdesigner
Die Entführung aus dem Serail
Geb. in den USA. Lichtgestaltung für Tanz, Sprechtheater, Oper und Musikevents. Arbeiten u.a. für die Stephen Petronio Company, das Netherlands Dance Theatre, für das Bayerische Staatsballett, sowie für die Ballettcompagnien in Lyon, Genf, Boston, Pittsburgh und Atlanta. Licht-Designs an der Bayerischen Staatsoper: *The Rake's Progress*.

Sonia Prina, Alt
Bradamante *Alcina*
Geb. in Italien. Studierte Trompete und Gesang in Mailand. Engagements in Italien, London und bei den Salzburger Festspielen, Auftritte als Konzertsängerin in Wien, Paris, Brüssel, New York, Sankt Petersburg und Madrid mit Partien wie Isabella *L'italiana in Algeri*, Ottone *L'incoronazione di Poppea*, Rosina *Il barbiere di Siviglia*.

Christopher Purves, Bass
Melisso *Alcina*
Geb. in Großbritannien. Engagements an der Opera North, der Scottish Opera, der Welsh National Opera und den Festivals von Aldeburgh und Edinburgh mit Partien wie Marcello *La bohème*, Figaro und Graf *Le nozze di Figaro*, Masetto *Don Giovanni*, Förster *Das schlaue Füchslein*, Germont *La traviata*, Titelpartie *Wozzeck* und Dulcamara *L'elisir d'amore*.

Norma Raccichini, Sopran
Fünfzehnjährige *Lulu*
Geb. in Italien. Finalistin und Preisträgerin bei mehreren internationalen Wettbewerben. Seit Herbst 2004 Mitglied des Jungen Ensembles der Bayerischen Staatsoper. Partien hier: Stimme eines Ungeborenen/Dienerin *Die Frau ohne Schatten*, Schleppträgerin *Elektra*, Gräfin Ceprano *Rigoletto*, Coro d'Amori *L'incoronazione di Poppea*.

Jan-Philipp Reemtsma, Publizist
Eröffnungsvortrag
Geb. in Deutschland. Studium der Germanistik und Philosophie in Hamburg, Prof. Dr. phil.. Seit 1983 Vorstand der Arno Schmidt Stiftung, Mitherausgeber der Werkausgabe Arno Schmidts. 1984 Mitbegründer und seither Vorstand des Hamburger Instituts für Sozialforschung, Professor für Neuere Deutsche Literatur an der Universität Hamburg.

Chen Reiss, Sopran
Nannetta *Falstaff*, Papagena *Die Zauberflöte*
Geb. in Israel. Studium in New York. Gastengagements weltweit. Seit 2003 Ensemblemitglied der Bayerischen Staatsoper. Partien hier u.a. Blonde *Die Entführung aus dem Serail*, Barbarina *Le nozze di Figaro*, Frasquita *Carmen*, Gilda *Rigoletto*, Virtú/Damigella *L'incoronazione di Poppea*.

Kobie van Rensburg, Tenor
Pane *La Calisto*
Geb. in Südafrika. Ensemblemitglied des Staatstheaters am Gärtnerplatz. Als Gast u. a. an der Berliner Staatsoper, Opéra National du Rhin in Straßburg, bei den Festspielen von Salzburg, Schwetzingen und an der New Yorker MET mit Partien wie Fenton *Falstaff*, Don Ottavio *Don Giovanni*, Ferrando *Così fan tutte*, Tamino *Die Zauberflöte*.

Ulrich Reß, Tenor
Red Whiskers *Billy Budd*, Dr Cajus *Falstaff*, Zorn *Meistersinger*, Monostatos *Die Zauberflöte*
Geb. in Deutschland. Ensemblemitglied der Bayerischen Staatsoper seit 1984, seit 1994 Kammersänger. Außerdem Auftritte in Japan, Berlin, Barcelona, Bayreuth, Hamburg und Stuttgart.

Christian Rieger, Bariton
Ratcliffe *Billy Budd*, Chirurgo *La forza del destino*, Nachtigall *Die Meistersinger von Nürnberg*, Marullo *Rigoletto*, Paris *Roméo et Juliette*,
Geb. in Deutschland. Erster Preis beim Münchner Richard-Strauss-Gesangswettbewerb. Seit 2003 Ensemblemitglied an der Bayerischen Staatsoper; Partien hier u.a. Graf Dominik *Arabella*, Curio *Giulio Cesare in Egitto*.

Kenneth Roberson, Tenor
Maintop *Billy Budd*, Prinz/Marquis/Kammerdiener *Lulu*, Kunz Vogelsang *Die Meistersinger von Nürnberg*, Borsa *Rigoletto*, Erster Geharnischter/Zweiter Priester *Die Zauberflöte*
Geb. in den USA. Gesangsstudium zunächst als Bariton, dann Wechsel ins Tenorfach. 2000 Mitglied des Opernhauses Zürich, 2004 Ensemblemitglied der Bayerischen Staatsoper.

Christopher Robson, Countertenor
Liederabend Gesänge der Frühe
Geb. in Großbritannien. Debüt an der Bayerischen Staatsoper 1994 als Tolomeo in *Giulio Cesare*. Außerdem Auftritte in Houston, Innsbruck, London, München und New York mit Partien wie Athamas *Semele*, Arsamene *Xerxes*, Prinz Orlofsky *Die Fledermaus*, Titelpartien *Giulio Cesare, Akhnaten*; Bayerischer Kammersänger

Myron Romanul, Dirigent
La Bayadère, Bella Figura/Agon/So nah so fern
Geb. in den USA. Zahlreiche internationale Dirigententätigkeiten u.a. in Boston, Stuttgart, Karlsruhe, Mainz und Essen. Grammy Award 1973 für "best Classical Chamber Music". Seit 2003 in München. Als Erster Dirigent des Bayerischen Staatsballett dirigiert er das gesamte Repertoire von der Klassik bis zur Moderne.

Jan-Hendrick Rootering, Bass
Sachs *Die Meistersinger von Nürnberg*
Geb. in Deutschland. Debüt an der Bayerischen Staatsoper 1982 als Geisterbote in *Die Frau ohne Schatten*. Außerdem Engagements in Mailand, New York, San Francisco und Stuttgart mit Partien wie Sarastro *Die Zauberflöte*, Wotan/Wanderer *Der Ring des Nibelungen*, Hans Sachs *Die Meistersinger von Nürnberg*.

Jürgen Rose, Bühnen- und Kostümbildner, Lichtdesigner
Die Zauberflöte
Geb. in Deutschland. Debüt an der Bayerischen Staatsoper 1968 mit *Romeo und Julia* (Ballett). Außerdem Bühnenbild und Regiearbeiten in Bayreuth, Berlin, London, Mailand, München, New York, Paris, Salzburg, Stuttgart und Wien.

Klein von Statur & groß im Können

Klein genug, um überall Platz zu finden, erfüllt der neue BeoLab 3 von Bang & Olufsen in jeder seiner vielfältigen Platzierungsmöglichkeiten den gesamten Raum mit reinstem, 250 Watt starkem Klang. Besuchen Sie uns und entdecken Sie Klang par excellence in hochgradig kompaktem Design!

BeoLab 3: 250-Watt-Aktivlautsprecher
BeoSound 3200: CD, RDS-Radio, CD-Speicherfunktion für fast 400 CDs, digitale Musik über BeoLink®

Erleben Sie einzigartige Qualität bei:

Bang & Olufsen Maximilianstraße
AC Klöser GmbH
Maximilianstraße 32
80539 München
Tel. (089) 24 22 40 34

BANG & OLUFSEN

Kurt Rydl, Bass
Osmin *Die Entführung aus dem Serail*
Geb. in Österreich. Seit 1977 Ensemblemitglied der Wiener Staatsoper, seit 1986 Österreichischer Kammersänger. Über achtzig Partien in italienischer, französischer, russischer und deutscher Sprache. Partien an der Bayerischen Staatsoper u.a. Pogner *Die Meistersinger von Nürnberg*, Heinrich *Lohengrin*, Fafner/Hagen *Der Ring des Nibelungen*.

Marco Santi, Choreograph
Die Meistersinger von Nürnberg
Geb. in Italien. 1983 bis 1993 Solist beim Stuttgarter Ballett, parallel bereits eigene Choreographien. 1993 Gründung des Marco Santi Danse Ensembles, seit 2000 Leitung des Produktionszentrums Tanz und Performance in Stuttgart. Weitere Choreographie an der Bayerischen Staatsoper: *Das schlaue Füchslein*.

Hermann Sapell, Bariton
Eißlinger *Meistersinger*, Festredner *Pique Dame*
Geb. in Deutschland. Ensemblemitglied der Bayerischen Staatsoper 1968-1993. Außerdem Auftritte in Athen, Hamburg, Mailand, London, Tokio und Salzburg.

Albert Schagidullin, Bariton
Nottingham *Roberto Devereux*
Geb. in Russland. Engagements u.a. in Rom, Tokio, Paris, Berlin, Hamburg, Stockholm, Lyon, Amsterdam und Salzburg mit Partien wie Eugen Onegin, Posa *Don Carlo*, Marcello *La bohème*, Conte Almaviva *Le nozze di Figaro*. Partien an der Bayerischen Staatsoper: Figaro *Il barbiere di Siviglia*, Giorgio Germont *La traviata*, Jelezkij *Pique Dame*.

Jürgen Schläder, Theaterwissenschaftler
Guarda che bianca luna
Geb. in Deutschland. Studium der Germanistik und Musikwissenschaft. Promotion 1978, Habilitation 1986. Seit 1987 Professor für Theaterwissenschaft, Schwerpunkt Musiktheater, an der LMU. Zahlreiche Einzelstudien zu Geschichte und Ästhetik des Musiktheaters von 1600 bis heute.

Hariolf Schlichtig, Bratschist
Giacomettis Kinder
Seit 1987 ist Hariolf Schlichtig Professor für Bratsche und Kammermusik an der Hochschule für Musik und Theater in München. Als Bratschist des Cherubini-Quartetts, dem er seit seiner Gründung 1978 angehörte, gewann er mehrere renommierte Wettbewerbe und konzertierte auch als Solist auf den bedeutendsten Konzertpodien der Welt.

Bernd Schmidt, Schauspieler
Bassa Selim *Die Entführung aus dem Serail*
Geb. in Deutschland. Musical-Ausbildung in München. Tänzer des Opernballetts der Bayerischen Staatsoper, Schauspieler am Theater am Hof in Leutstetten, Chorsänger am Freien Landestheater Oberbayern.

Andrea Schmidt-Futterer, Kostümbildnerin
Billy Budd
Geb. in Mannheim. 1986-1995 Kostümbildnerin am Schauspielhaus Bochum, danach in Wien, Berlin, Köln, Zürich und Hamburg. Seit 1991 Zusammenarbeit mit Peter Mussbach, seit 1992 Teilzeitprofessur an der Hochschule für Bildende Kunst in Hamburg.

Peter Schneider, Dirigent
Die Meistersinger von Nürnberg
Geb. in Österreich. Regelmäßiger Gast bei den Bayreuther Festspielen, an der Hamburgischen und Wiener Staatsoper, der Staatsoper Unter den Linden und der Metropolitan Opera New York. Dirigate an der Bayerischen Staatsoper u.a. *Der Rosenkavalier, Der Ring des Nibelungen, Parsifal, Ariadne auf Naxos, Le nozze di Figaro* und *Elektra*.

Jens Schroth, Dramaturg
Simplicius Simplicissimus
Geb. in Deutschland. Studium der Musiktheorie, Neuen Medien und Komposition. Betreute in Stuttgart als Dramaturg oder Co-Dramaturg u.a. Opernproduktionen von Andrea Breth, Christof Nel, Nigel Lowery und Manfred Weiß sowie Ballettproduktionen von Hans Kresnik, Christian Spuck und Nina Kurzeja.

Eike Wilm Schulte, Bariton
Beckmesser *Die Meistersinger von Nürnberg*
Geb. in Deutschland. Debüt an der Bayerischen Staatsoper: 1989 Faraone *Mosè*. Außerdem Bayreuth, Berlin, Brüssel, Dresden, Hamburg, New York, Paris, Wiesbaden, Venedig. Partien u.a. Beckmesser *Die Meistersinger von Nürnberg*, Faninal *Der Rosenkavalier*, Alidoro *La Cenerentola*.

Buki Shiff, Kostümbildnerin
La Calisto
Geb. in Israel. Debüt an der Bayerischen Staatsoper 1994 mit *Tannhäuser*. Außerdem Produktionen in Berlin, Tel Aviv, Wien, Madrid, London und San Francisco. An der Bayerischen Staatsoper Zusammenarbeit mit David Alden: *Tannhäuser*, *L'incoronazione di Poppea*, *Rinaldo, Rodelinda, Regina de' Longobardi* und *La Calisto*.

Adam Silverman, Lichtdesigner
Pique Dame
Arbeiten für Schauspiel- und Opernproduktionen an internationalen Bühnen, z. B. Seattle Opera, Santa Fé Opera, Welsh National Opera, New Israeli Opera und beim Spoleto Festival. Außerdem war er Lichtdesigner bei Schauspielproduktionen der Royal Shakespeare Company und anderer Bühnen in London, New York und Dublin.

Daniela Sindram, Sopran
Siébel *Faust*, Zweite Dame *Die Zauberflöte*
Geb. in Deutschland. Seit 2003 Ensemblemitglied der Bayerischen Staatsoper. Auftritte u.a. in Berlin, Frankfurt und Düsseldorf. Partien an der Bayerischen Staatsoper u.a.: Mercédès *Carmen*, Flora *La traviata*, Hänsel *Hänsel und Gretel*, Wellgunde *Der Ring des Nibelungen*, Dorabella *Così fan tutte*.

Lukás Slavicky, Erster Solotänzer
La Bayadère, Bella Figura/Agon/ So nah so fern
Geb. in Prag. Ausbildung am Prager Konservatorium, zahlreiche Preise bei internationalen Wettbewerben. Seit der Spielzeit 1999/2000 beim Bayerischen Staatsballett; Solo- und Titelpartien u.a. Romeo in Crankos *Romeo und Julia*, Prinz in *Dornröschen*, Solor in *La Bayadère* sowie viele moderne Partien.

Paul Steinberg, Bühnenbildner
La Calisto, Pique Dame
Geb. in den USA. Debüt an der Bayerischen Staatsoper: 1997 *L'incoronazione di Poppea*. Außerdem Arbeiten in Chicago, Genf, Köln, London, Paris, San Francisco, Tel Aviv. Produktionen u.a. *Idomeneo, Falstaff, Madama Butterfly, Lohengrin, La traviata, Aufstieg und Fall der Stadt Mahagonny, Turandot, Otello*.

Stanislava Stoytcheva, Sopran
Guarda che bianca luna
Geb. in Bulgarien. Studierte zunächst Klavier und Jazzgesang in Sofia, danach klassischen Gesang bei Edith Wiens in München. Debüt am Prinzregententheater als Venus in Purcells *King Arthur*. Preisträgerin internationaler Wettbewerbe, internationale Soloauftritte. Seit 2005 Mitglied im Jungen Ensemble der Bayerischen Staatsoper.

Jacek Strauch, Bariton
Tierbändiger/Athlet *Lulu*
Geb. in Großbritannien. Gastspiele u.a. an der English National Opera London, in Pretoria, Graz, Basel mit Partien wie Amfortas *Parsifal*, Jago *Otello*, Kurwenal *Tristan und Isolde*, Scarpia *Tosca* und die Titelpartien in *Der Fliegende Holländer*, *Falstaff* und *Wozzeck*. An der Bayerischen Staatsoper: Tomskij *Pique Dame*, Lescaut *Manon Lescaut*.

Getting ahead through innovation.

Linde Gas

Linde

Linde AG
Geschäftsbereich Linde Gas, Seitnerstraße 70, 82049 Höllriegelskreuth
Telefon +49.89.74 46-0, Fax +49.89.74 46-12 16, www.linde-gas.de

Rolando Villazón

Das neue Album:
Französische Arien
von Gounod und Massenet
Orchestre Philharmonique de Radio France
Evelino Pidò
CD 5 45719 2

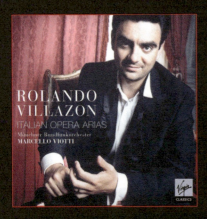

Weiterhin erhältlich:
Italienische Opernarien
Ausschnitte aus Opern von
Cilèa · Donizetti · Verdi · Puccini · Mascagni
Münchner Rundfunkorchester
Marcello Viotti
CD 5 45626 2
ausgezeichnet mit dem Echo Klassik 2004

Bestellen Sie unseren kostenlosen newsletter
unter: www.emiclassics.de

Foto: Ana Bloom

"Sein Timbre verwandelt Noten in Blut, Fleisch und Tränen." *Die Welt*

Christoph Strehl, Tenor
Belmonte *Die Entführung aus dem Serail*
Geb. in Deutschland. Engagements in Coburg, Hof und Mannheim, seit 2002 Opernhaus Zürich. Auftritte auch in Dresden, Köln und Frankfurt mit Partien wie Belfiore *La finta giardiniera*, Fenton *Die lustigen Weiber von Windsor*, Eginhart *Fierrabras*. Partien an der Bayerischen Staatsoper: Don Ottavio *Don Giovanni*, Tamino *Die Zauberflöte*.

Robert Tear, Tenor
Hexe von Endor *Saul*
Geb. in Großbritannien. Regelmäßig am Royal Opera House, Covent Garden und an allen großen Opernhäusern und Festivals in Europa und den USA. Lehrstuhl für Gesang an der Royal Academy of Music. Partien an der Bayerischen Staatsoper: Peter Quint *The Turn of the Screw*, Herodes *Salome*, Loge *Das Rheingold*, Vater Ubu *Ubu Rex*.

Patrick Teschner, Solotänzer
La Bayadère
Geb. in Deutschland. Ausbildung an der Münchner Ballettakademie/Heinz-Bosl-Stiftung. 1989 Engagement im Ballett der Bayerischen Staatsoper, 1994 Ernennung zum Solisten. Solopartien u.a. Mercutio und Tybalt *Romeo und Julia*, Basilio *Don Quijote*, Lenski *Onegin* und Gaston *Die Kameliendame*. Zahlreiche eigene Choreographien.

Zoran Todorovic, Tenor
Titelpartie *Roberto Devereux*
Geb. in Belgrad. Gastspiele an der Wiener Staatsoper, an der Deutschen Oper Berlin, in Frankfurt, Hamburg und Madrid mit Partien wie Herzog *Rigoletto*, Jenik *Die verkaufte Braut*, Cavaradossi *Tosca* und Alfredo *La traviata*. Partien an der Bayerischen Staatsoper: Rodolfo *La bohème*, Pinkerton *Madama Butterfly*, Titelpartie *Roberto Devereux*.

John Tomlinson, Bass
John Claggart *Billy Budd*
Geb. in Großbritannien. Regelmäßig in Genf, Glyndebourne, London, Paris, Wien und New York mit Partien wie Gurnemanz *Parsifal*, Baron Ochs *Rosenkavalier*, Moses *Moses und Aron*, Rocco *Fidelio*. Partien an der Bayerischen Staatsoper: Wotan/Wanderer *Der Ring des Nibelungen*, Mephistophélès *Faust*.

Reinhard Traub, Licht-Designer
Roberto Devereux, Saul
1980 bis 1985 Assistent bei von Chenault Spence. Anschließend Gestaltung von zwei Welttourneen mit *Sophisticated Ladies* und *Carmen Jones*. Seit 1992/93 ist er bei den Bühnen Graz tätig. Lightdesigns an verschiedenen Opernhäusern. Unterrichtet seit Herbst 2001 an der Staatlichen Akademie der Bildenden Künste in Stuttgart.

Rüdiger Trebes, Bass
Bosun *Billy Budd*, Diener *Lulu*, Ortel *Meistersinger*, Surin *Pique Dame*, Usciere *Rigoletto*, Doeg *Saul*, 4. Priester *Die Zauberflöte*
Geb. in Deutschland. Seit 1991 Ensemblemitglied der Bayerischen Staatsoper. Partien u.a. König Heinrich *Lohengrin*, Van Bett *Zar und Zimmermann*, Mitjucha *Boris Gudonow*, Hans Schwarz *Die Meistersinger*, Sciarrone *Tosca*.

Rainer Trost, Tenor
Fenton *Falstaff*, Tamino *Die Zauberflöte*
Geb. in Deutschland. Internationale Karriere mit Gastspielen in Hamburg, Köln, Dresden, Wien, Genf, Berlin, Paris, Amsterdam, London, beim Mag-gio Musicale in Florenz und den Salzburger Festspielen. Partien an der Bayerischen Staatsoper u.a. Ferrando *Così fan tutte*, Don Ottavio *Don Giovanni*, Jaquino *Fidelio*.

Ultz, Regie-Mitarbeit und Ausstattung
Die Entführung aus dem Serail
Debüt an der Bayerischen Staatsoper 1996 mit *Xerxes*. Außerdem Tätigkeit als Regisseur und Ausstatter in Großbritannien, Kanada, Aarhus, Tokio und Stockholm. Produktionen u.a. *The Taming of the Shrew, Jesus Christ Superstar, Don Giovanni, Così fan tutte, A Midsummer Night's Dream, As you like it, Julius Caesar*.

Violeta Urmana, Sopran
Leonora di Vargas *La forza del destino*
Geb. in Litauen. 1991 bis 1993 Opernstudio der Bayerischen Staatsoper. Sie gastiert u.a. in Mailand, Wien, Hamburg, Berlin, New York, London, Paris, Barcelona, Amsterdam, Bayreuth, Salzburg, Aix-en-Provence und Edinburgh. Partien an der Bayerischen Staatsoper: Fenena *Nabucco*, Kundry *Parsifal*, Eboli *Don Carlo*, Fricka/Sieglinde *Die Walküre*.

Raymond Very, Tenor
Cassio *Otello*
Geb. in den USA. Engagements u.a. an der New Yorker Metropolitan Opera, beim Saito Kinen Festival, am Royal Opera House Covent Garden in London und an der Oper Frankfurt. Partien an der Bayerischen Staatsoper: Tamino *Die Zauberflöte*, Rodolfo *La bohème*, Oberpriester *Idomeneo*, Narraboth *Salome*, Jeník *Die verkaufte Braut*.

Rolando Villazón, Tenor
Titelpartie *Faust*
Geb. in Mexiko. Internationale Gastspiele an den Opernhäusern von Los Angeles, Rom, Lyon, Wien, Paris, Brüssel, Hamburg, Berlin, beim Glyndebourne Festival und bei den Bregenzer Festspielen mit Partien wie Nemorino *L'elisir d'amore*, Des Grieux *Manon*, Don José *Carmen*, Rodolfo *La Bohème*, Alfredo *La traviata*, Roméo *Roméo et Juliette*.

Dominique Visse, Countertenor
Satirino *La Calisto*
Geb. in Frankreich. Studierte Orgel, Flöte und Gesang. Ausbildung zum Countertenor bei Alfred Deller. Er gastierte unter anderem in Monte Carlo, London, Brüssel, Paris, Köln und Berlin. Partien an der Bayerischen Staatsoper: Arnalta und Nurtice *L'incoronazione di Poppea*, Pisandro und L'humana fragilità *Il ritorno d'Ulisse in patria*.

Vadim Volkov, Bariton
First Mate *Billy Budd*
Geb. in Russland. Sein Repertoire umfasst italienische, deutsche, russische, französische und tschechische Partien wie Valentin *Faust*, Papageno *Die Zauberflöte*, Scarpia *Tosca* und die Titelpartie in *Eugen Onegin*. Engagements u.a. in Aachen, Hildesheim, Mainz, Augsburg, Detmold und St. Gallen.

Beate Vollack, Choreographin
Alcina, La Calisto, La forza del destino, Lulu, Rigoletto, Die Zauberflöte
Geb. in Deutschland. Bayerisches Staatsballett seit 1996. Marie *Woyzeck*, Nanina *Die Kameliendame*, Titelpartien *Shannon Rose*, *Giselle* (Mats Ek), *Petruschka*. Solopartien in modernen Balletten von Forsythe bis Mats Ek. Heute choreographisch tätig.

Manfred Voss, Lichtdesigner
Falstaff, Die Meistersinger von Nürnberg
Geb. in Deutschland. Lichtgestaltung 1976 in Patrice Chéreaus Inszenierung von *Der Ring des Nibelungen* bei den Bayreuther Festspielen. Seither Mitarbeit an allen Bayreuther Neuinszenierungen als Lichtdesigner. Arbeiten an zahlreichen internationalen Opernbühnen, u.a. Wien, Berlin, Rom, Paris, Tokio, Rio de Janeiro, Barcelona und Amsterdam.

Jochen Wagner, Theologe
Guarda che bianca luna
Studium der Theologie und Philosophie. Seit 1994 Studienleiter an der evangelischen Akademie Tutzing, 2000 Promotion über Walter Benjamin. Konzeptioneller Mitarbeiter im Stadtforum München. Veröffentlichungen in großen deutschen Tageszeitungen, Essays und Vorträge. Schwerpunkte: Gegenwartskultur, Kulturphilosophie, Ästhetik, mobiles Leben.

Eva Walch, Produktionsdramaturgin
Die Meistersinger von Nürnberg
Geb. in Deutschland. Anglistin und Romanistin. 1962 bis 1988 Dozentin an der Humboldt-Universität Berlin, ab 1985 Dramaturgin am Deutschen Theater in Berlin. Operndramaturgin bei Christine Mielitz in Wien und Salzburg. Buchausgaben, Aufsätze und Rezensionen.

Ich höre Klassik Radio.

coole klassik | grosse soundtracks | sanfte downbeats

modern music für ganz deutschland auch in:
berlin 101.3 | hamburg 98.1 | münchen 107.2 | stuttgart 103.9
frankfurt 107.5 | wien 103.1
alle frequenzen unter www.klassikradio.de

Orpheus
ANSPRUCHSVOLLE OPERN- UND KONZERTREISEN

ORPHEUS lässt für SIE die Saiten klingen

Wir präsentieren Ihnen die neue Opernsaison für 2005/2006

Baden-Baden	Barcelona
Berlin	Paris
Dresden	Budapest
	Prag
Hamburg	Wien
Leipzig	Salzburg
München	New York

∗∗ ausgewählte Silvesterreisen ∗∗

∗∗ musikalische Erlebnisreisen ∗∗

Bitte fordern Sie bei Interesse unseren umfangreichen Katalog an.
Gerne nehmen wir Sie in unsere Kundendatei auf und Sie erhalten kostenlos unser jeweils aktuelles Programm.

ORPHEUS GmbH
Büro: Kaiserstraße 29 • 80801 München
Post: ORPHEUS GmbH • Postfach 401144, 80711 München
Tel.: (089) 38 39 39 0 • Fax: (089) 38 39 39 50
Email: info@OrpheusOpernreisen.de
www.OrpheusOpernreisen.de

Ute Wassermann, Vokalartistin
Kafkas Heidelbeeren
Geb. in Deutschland. Studium der Freien Kunst in Hamburg, Stimmsolistin auf internationalen Festivals und in Museen und Clubs. Tritt als Composer/Performer mit eigenen Projekten auf und erforscht ihre eigenen außergewöhnlichen und vielstimmigen Vokaltechniken. Außerdem Auftritte als Improvisatorin und Interpretin zeitgenössischer Musik.

Jörg Widmann, Klarinettist
Kammerkonzert Festspiel+
Geb. in Deutschland. Gewann zahlreiche Preise als Klarinettist und Komponist. Seine Werke werden auf großen Bühnen dieser Welt aufgeführt. Die Oper *Das Gesicht im Spiegel* wurde von der Fachjury der Zeitschrift Opernwelt zur wichtigsten Uraufführung der Spielzeit 2003/04 gewählt.

Roger Willemsen, freier Autor
Festspiel-Nacht
Geb. in Deutschland. Tätig als freier Autor, Essayist, Herausgeber, Übersetzer und Korrespondent für verschiedene Medien. Moderator eigener Fernsehsendungen sowie renommierter Kulturveranstaltungen. 1992 Auszeichnung mit dem „Goldenen Kabel" und dem Bayerischen Fernsehpreis, 1993 „Adolf-Grimme-Preis" in Gold.

Daniel Lewis Williams, Bass
Dansker *Billy Budd*
Geb. in den USA. Studium in Utah und München. Engagements in Trier, Kiel und Düsseldorf, Gastspiele in Dresden, Genua, Marseille, Köln, Hamburg, Hannover, Berlin, Rom und Venedig mit Partien wie Sarastro *Die Zauberflöte*, Gremin *Eugen Onegin*, Baron Ochs *Der Rosenkavalier*, Hunding *Die Walküre*.

Silke Willrett, Kostümbildnerin
Simplicius Simplicissimus
Geb. in Deutschland. Studium an der Staatlichen Akademie der Bildenden Künste Stuttgart bei Moritz Baumgartl, Sotirious Michou und Jürgen Rose. Assistenz an Schauspiel und Oper der Staatstheater Stuttgart. Erarbeitete Bühnenbilder und Kostüme für verschiedene Schauspielproduktionen und für die Junge Oper der Staatsoper Stuttgart.

Matthias Wippich, Bass
Second Mate *Billy Budd*, Herold *Otello*, Zweiter Geharnischter *Die Zauberflöte*, Nachtwächter *Die Meistersinger von Nürnberg*
Geb. in Deutschland. Studium an der Hochschule für Musik in Köln bei Hans Sotin. Während des Studiums Auftritte in Köln, Düsseldorf und Solingen. Seit 2004 Mitglied des Jungen Ensembles der Bayerischen Staatsoper.

Robert Wörle, Tenor
Prinz/Kammerdiener/Marquis *Lulu*
Geb. in Deutschland. Debüt an der Bayerischen Staatsoper 2001 als Iro in *Il ritorno d'Ulisse in patria*. Außerdem Engagements an der Staatsoper Stuttgart, der Deutschen Oper Berlin, der Semperoper Desden, der Staatsoper Hamburg, der Opéra Bastille Paris und den Salzburger und Bregenzer Festspielen. Neben Opern- auch Konzertsänger.

Deborah York, Sopran
L'Amour *Orphée et Eurydice*, Oberto *Alcina*
Geb. in Großbritannien. Debüt an der Bayerischen Staatsoper bei den Festspielen 1999 als Euridice in *L'Orfeo*. Engagements in Berlin, Amsterdam und beim Glyndebourne Festival mit Partien wie Barbarina *Le nozze di Figaro*, Servilia *La clemenza di Tito*, Anne Trulove *The Rake's Progress*.

Francesca Zambello, Regisseurin
Otello
Geb. in den USA. Inszenierungen u.a. *Lucia di Lammermoor* an der Metropolitan Oper, die mit dem Olivier-Award ausgezeichnete *Chowanschtschina* und *Boris Godunow* an der ENO, *Billy Budd* und *Die verkaufte Braut* am Royal Opera House Covent Garden und *Turandot* an der Opéra Bastille. War Leiterin des Skylight Opera Theatre in Milwaukee.

Lawrence Zazzo, Countertenor
Endimione *La Calisto*
Geb. in den USA. Partien u.a. Titelpartie *Arminio*, Goffredo *Rinaldo*, Arsamene *Xerxes*, Ottone *L'incoronazione di Poppea*, Mascha Eotvös' *Drei Schwestern* und Trinculo Ades' *The Tempest*. Auftritte an vielen Bühnen Europas und Amerikas, wie in Glyndebourne, Montpellier, Hamburg, Edinburgh, Paris, Brüssel, New York, London und Berlin.

Klaus Zehelein, Dramaturg/Intendant der Staatsoper Stuttgart
Simplicius Simplicissimus
Geb. in Deutschland. Studium der Germanistik, Musikwissenschaft und Philosophie. Seit 1991 Opernintendant in Stuttgart, seit Mai 2003 auch Präsident des Deutschen Bühnenvereins. Im Herbst 2006 übernimmt er die Präsidentschaft der Bayerischen Theaterakademie in München.

Münchner Opern-Festspiele 2006

Nationaltheater

So.	25.6.	Liederabend Thomas Quasthoff
Mi.	28.6.	Moses und Aron (Festspiel-Premiere)
Do.	29.6.	Norma
Fr.	30.6.	Falstaff
Sa.	1.7.	Moses und Aron
So.	2.7.	La forza del destino
Mo.	3.7.	Bayerisches Staatsballett: Porträt Mats Ek
Di.	4.7.	Moses und Aron
Mi.	5.7.	Rinaldo
Fr.	7.7.	Giulio Cesare in Egitto
Sa.	8.7.	Tristan und Isolde
Di.	11.7.	Orphée et Eurydice
Mi.	12.7.	Königskinder
Do.	13.7.	Rodelinda, Regina de' Longobardi
Sa.	15.7.	Die Entführung aus dem Serail
So.	16.7.	Der fliegende Holländer
Mo.	17.7.	Orlando
Mi.	19.7.	Le nozze di Figaro
Do.	20.7.	La Calisto
Fr.	21.7.	Rigoletto
So.	23.7.	Fidelio
Mo.	24.7.	Ariodante
Di.	25.7.	Elektra
Mi.	26.7.	Xerxes
Do.	27.7.	Tannhäuser
Sa.	29.7.	Parsifal
So.	30.7.	Don Carlo
Mo.	31.7.	Die Meistersinger von Nürnberg

Prinzregententheater

Do.	6.7.	Liederabend Dorothea Röschmann und Ian Bostridge
Mo.	10.7.	Il ritorno d'Ulisse in patria
Fr.	14.7.	L'incoronazione di Poppea
Di.	18.7.	Alcina

Max-Joseph-Platz

So.	9.7.	Festspiel-Konzert – Oper für alle

Allerheiligen Hofkirche

Do.	6.7.	Festspiel-Geburtstagskonzert Hans Werner Henze
Fr.	14.7.	Festspiel-Kammerkonzert
So.	16.7.	Festspiel-Kammerkonzert (Matinee)
Sa.	22.7.	Medusa
Mo.	24.7.	Medusa

Bildnachweise

10	Sir Peter Jonas
11	Zubin Mehta
57	Claudia Mahnke in *Simplicius Simplicissimus*
58/59	*Simplicius Simplicissimus*
61	*La forza del destino* (Plakatentwurf von Pierre Mendell)
62/63	*La forza del destino* (Bühnenbildmodell von Gideon Davey)
65	*Alcina* (Szenenphoto der Hamburger Inszenierung)
66/67	*Alcina* (Szenenphoto der Hamburger Inszenierung)
69	Nathan Gunn in *Billy Budd*
70/71	*Billy Budd*
73	Sally Matthews in *La Calisto*
74/75	*La Calisto*
77	*Die Entführung aus dem Serail*
79	Ambrogio Maestri und Simon Keenlyside in *Falstaff*
81	Rolando Villazon in *Faust*
83	Margarita De Arellano in *Lulu*
85	Robert Dean Smith in *Die Meistersinger von Nürnberg*
86/87	Manolito Mario Franz, Ulrich Reß, Francesco Petrozzi, Hermann Sapell, Jan-Hendrik Rootering, Matti Salminen, Jan Buchwald, Eike Wilm Schulte in *Die Meistersinger von Nürnberg*
89	Beate Vollack und Mitglieder des Opernballetts in *Orphée et Eurydice*
91	*Otello*
93	*Pique Dame*
95	Tito Beltran und Diana Damrau in *Rigoletto*
96/97	*Rigoletto*
99	Edita Gruberova in *Roberto Devereux*
101	Angela-Maria Blasi und Marcelo Alvarez in *Roméo et Juliette*
103	*Saul*
105	*Die Zauberflöte*
106/107	Vanessa Barkowski, Nikolay Borchev, Rainer Trost, Anna Gabler und Daniela Sindram in *Die Zauberflöte*
111	Sherelle Charge in *So nah so fern*
112/113	Maira Fontes, Roman Lazik, Cyril Pierre in *Bella Figura*
114/115	Lucia Lacarra, Isabelle Pollet-Villard, Claudine Schoch, Sofia Carolina Fernandes, Lisa-Maree Cullum in *Agon*
117	Lisa-Maree Cullum in *La Bayadère*
121	*Oper für alle* auf dem Max-Joseph-Platz
123	*Oper für alle* auf dem Marstallplatz: Das Bayerische Staatsorchester und Zubin Mehta
132	HVB Festspiel-Nacht mit der Bayerischen Staatsoper

1, 14, 28, 40, 54, 108, 118, 152, 203, 208 Maske. Fotografien von Wilfried Hösl

Copyright:
Thilo Beu, Elke Bock, EMI Classics, Greig 10, Janine Guldener, Harlequin, Künstleragentur K.-E. Hasse, Regine Heiland, Michael Hörnschemeyer, Wilfried Hösl, Albrecht Klora, Vadim Lapin,

Klaus Lefebvre, Pascale Montauban, Music International, Paolo Rosenberg, J. Thomas Fotografie,
A.T. Schaefer, Hagen Schmitt, Peter Schünemann, Sony BMG, Staatsoper Stuttgart, Charles Tandy,
Van Walsum Management, Alexandre Weinberger/Virgin Classics, wild & team

Urheber, die nicht erreicht werden konnten, werden zwecks nachträglicher Rechtsabgeltung um
Nachricht gebeten.

Impressum

Münchner Opern-Festspielführer 2005

Herausgegeben von der Bayerischen Staatsoper
Staatsintendant Sir Peter Jonas

Konzeption: Ulrike Hessler und Detlef Eberhard

Photos: Wilfried Hösl

Zusammenstellung und Redaktion: Ulrike Hessler (verantwortlich), Detlef Eberhard;
Rainer Karlitschek, Birte Kunstmann, Laura Schieferle, Hanna Schwenkglenks;
Bettina Wagner-Bergelt (S. 107-115)

Grafisches Konzept und Entwurf: Pierre Mendell Design Studio

Lithographie: Euro Digital GmbH, Passau

Herstellung: PASSAVIA Druckservice GmbH, Passau

Gedruckt auf 120 gr/m^2 UPM-Fine 100,
holzfrei weißes Naturoffsetpapier mit 1,2-fach-Volumen

Verlag: Helmut Metz, Corporate Publications, Hamburg

Alle Rechte für Nachdruck und Bildveröffentlichung vorbehalten.

Die Publikation entstand mit freundlicher Unterstützung
der Gesellschaft zur Förderung der Münchner Opern-Festspiele e.V.

Redaktionsschluss: 17. Mai 2005

ISBN: 3-937742-06-9